不敗の人生をつくる言葉

逆境を乗り越えるための99の名言

Inoue Hiroyuki
井上裕之

致知出版社

誰の人生にも、いいとき、悪いときがある。
大切なことは、最後に勝ちを拾うために、
困難なときに、負けないこと。心を折らないこと。
仕事でもプライベートでも、
挽回《ばんかい》できないほどに失敗しないこと。

まえがき

「負けない」が一番賢い人生戦略

勝とうと考えると、人生はうまくいきません。負けまいと考えると、人生はうまくいきます。

仕事も人間関係もお金も、欲にとらわれると冷静な思考ができなくなり、選択や行動を誤ります。

勝利には少なからず運が必要で、自分の力ではコントロールできません。結果や成果は必ず得られるものではありません。しかし、準備をすれば負けは避けられます。**致命的な負けがなければ、何度でも挑戦可能です。**何かを長く続けるだけで、ライバルは消えていきます。

長い期間、コツコツ仕事をするだけで、誰でも専門性がつき、頭角を現わせるものです。人とも長くつき合うと、信頼関係ができて応援し合う関係になります。

人生100年時代となり、70歳現役の時代です。私たちは、長期戦を戦い抜かなければなりません。そのために、不敗の人生をつくる考え方が必要です。

成功者の「思考＋行動＋メンタル」が手に入る本！

人生において、勝つことは重要ではない。

これが、著者として17年、経営者として30年、歯科医師として36年の仕事人生を生き抜いてきて、今思うことです。

一方で、負けることは絶対に避けなくてはいけません。負けないために、全身全霊を尽くしてください。

勝たなくていいから負けるな。それだけでいいと私は思います。

人生を力強く生き抜く人は、「勝つためにどうすればいいのか」ではなく「負けないためにどうすればいいのか」と考えます。

負けなければ、いつか盛り返せるし、勝てるからです。

本書では、**いくつもの困難を乗り越え、成功をつかみ、時代をつくった名経営者の言葉を紹介しながら、不敗の人生をつくる人生哲学を学んでいきます**。またその金言に関連した、哲学者、僧侶、思想家の考え方、さらに、古典の知識も紹介しました。

99の名言をさっと見るだけでも人生の指針を得られます。

成功者が「守り」を優先する理由とは？

多くの成功者に時代を超えて読み継がれているのが、『孫子の兵法』です。中国の春秋戦国時代に、孫武という軍事思想家によって書かれた兵法書です。

この中に書かれているのは、負けないための方法とも言えます。

「善く戦う者は不敗の地に立ち、而《しか》して敵の敗を失わざるなり」

戦がうまい者は、何より自分の軍を不敗の態勢にして、勝ちを目指す。

「先ず勝つべからざるを為《な》して、以て敵の勝つべきを待つ」

負けない準備をしておいて、敵が過ちを犯したり、弱点を現すのを待つ。

「勝つべからざるは己れに在るも、勝つべきは敵に在り」

不敗の態勢をつくれるかは自分の準備次第だが、勝てるかどうかは敵の態勢による。

このように、守りの大切さを学んだ人が、成功をつかんでいるのです。本書は、名経営者の言葉を土台として、負けないための技術が身につく、現代の『孫子の兵法』を目指し執筆しました。

私はこの「99の名言」で逆境を乗り越えてきた！

歯科医師として国内外8つの大学の役職を兼務。著者として書籍を87冊出版し、累計140万部を突破。これは、私の表向きのプロフィールです。

受験に失敗し、第一志望の高校に入学できず、不登校になる。

4年で修了するつもりで大学院に入ると、先輩から修了に6年はかかると言われる。なんとか4年で修了するため、人生の楽しみをゼロにして、成果が出るかわからない研究に休みなく取り組むことになる。

交通事故に遭《あ》い、妻が意識不明となる。その間、子供を育てながら、医院の仕事をこなし、勉強会に参加しながら、看病に通う。

医院を開業する際に大きなお金を銀行から借り入れたばかりか、両親の会社が倒産し、会社が所有していた土地を買い取ることになり、さらに億単位の借り入れをすることになる。

ほかにもありますが、**これが表の裏にある私のプロフィールです。**

飛行機に乗っているときに、このまま墜落すると楽だろうな、と思うことが何度もありました。

社会人になって、なんとかすべて乗り越えてこられたのは、本書でご紹介する負けないための言葉に力をもらったからです。

名言から真理を学び、不敗の人生をつくる

本書では、名経営者の名言を使いながら、不敗の人生をつくる人生哲学を学んでいきます。国内外で戦い抜き、時代をつくった人々の言葉には真理がつまっています。

また、彼らはリアリストです。なんとかして会社を存続させ、大勢の社員の雇用を守らなければなりません。長期的に繁栄し続けるための指針を示してくれます。

なんとか負けを避けながら、小さくても勝ちを拾っていくために試行錯誤した経験から導き出された言葉には、必ず学ぶことがあります。

負けないために必要なことは2つです。
・先人から知識を得て、成功するための思考と行動の様式を身につける
・折れない心を持つ
成功した人、逆境を乗り越えた人の思考、行動、マインドの型を自分の中にインプ

ットしていきましょう。

自分のオリジナルで進んでもうまくいきません。名経営者の名言という、合格率が高い参考書を使って人生を攻略していきましょう。

仕事やコミュニケーションの新しい技術だけを学んで生き残れるほど世の中は甘くありません。価値ある人生を形づくるには、普遍的な人生哲学を学ぶ必要があります。

最後に、私は潜在能力の専門家でもあります。あなたの能力が開花し、発揮する方法も随所に書きました。

負けないことだけ考える。勝つまでやれば勝てるのです。

第1章からでもいいですし、気になった言葉からでもいいので、読んでみてください。さあ、不敗の人生を歩み始めましょう。

不敗の人生をつくる言葉　**目次**

第2章 マイナスの中のプラスを見つける

すべての出来事を成長の糧にする言葉

第3章
何度でも心は回復させられる
自分を消耗させない言葉

第4章 しなやかで、柔軟な心をつくる
すぐやる、やり抜くための言葉

第5章 どんな逆境も乗り越えられる

迷わない、動じない自分をつくる言葉

第6章 人を惹きつける
人間関係で悩まない言葉

第7章 強い心でやり抜く
成功しかない世界を生きる言葉

※本文の内容および肩書は２０２４年12月時点のものです。

ブックデザイン――秦浩司
編集協力――森下裕士

第1章

負けないことが最重要

絶対に折れない心をつくる言葉

1
99

進退きわまったら、いちばん強い

松下幸之助

パナソニックホールディングス創業者

「もう無理だ……」のあとの〝ひと踏ん張り〟が未来を変える

松下電器産業（現・パナソニックホールディングス）創業者の松下幸之助氏は、「経営の神様」と言われていますが、そう言われるまでには多くの困難を乗り越えてきています。

不況や社会情勢によって、倒産してしまうかもしれないという危機を迎えたこともあります。商品の開発や販売がうまくいかず、八方塞《はっぽうふさ》がりになったこともあります。

しかし、その都度、絶体絶命の状況を乗り越えたからこそ「経営の神様」と呼ばれるようになったのです。

松下幸之助氏の言葉は、「もう終わりだ……」と思っても、前進し続けることの大切さを教えてくれます。限界の先に、より良い未来があることを教えてくれるのです。

私は25年前、交通事故に遭いました。家族の中でも妻の状態は特に厳しく、「最悪の状況を覚悟してください」と医師に告げられました。

病院に運ばれたとき、妻は蛇口をひねったように出血していたそうで、止血するだけでも一苦労だったようです。止血をして手術ができる状態にするまでに7時間がかかり、手術には8時間がかかりました。

大量の輸血を行ない最悪の状況は避けられましたが、3カ月間は意識不明の状態が続きました。その後、意識は戻ったのですが、普通の生活ができる状態ではありませんでしたし、後遺症が残るだろう、と言われました。

しかし、「そうですか、しかたがないですね」とあきらめるわけにはいきません。妻を普通の生活ができる状態にしなければなりません。妻を回復させる方法が必ずあるはずだと希望を持ち、「最高の病院と先生を探す」と決意しました。

破裂した膀胱《ぼうこう》の治療、損傷した股《こ》関節の治療、腸の治療、視力低下を改善する治療……。解決すべきことはたくさんあります。一気に改善させることはできませんでしたが、一つひとつの治療に最適な病院と先生を探し、治療していきました。「これ以上、回復させることはできないのではないか」と思ったときも、「絶対に何か手がある」と信じて探し続けたのです。

主治医の先生も親身になってくれて、自分の専門以外の治療に関して、いろんな病院、治療法、一流の先生を教えてくれました。そのおかげで、質の高い治療を受けることができ、妻は何不自由なく生活できるほどに回復したのです。

どんな逆境でもあきらめずに前進し続ければ、状況は必ず良い方向に向かいます。積極的に動くことで、その姿を見て応援してくれる人も現れます。周りの人がより良い情報をくれて、道が切り拓かれていきます。あきらめなければ次の展開があるのです。

自分の知らない、すばらしい未来が訪れるのです。

人はネガティブな未来を想像してしまう傾向がありますが、ポジティブな未来が必ずあると信じてください。**あなたの知らないポジティブな世界が、未来に必ず存在しています。**

2
99

壁に打ち当たった時、真の勇気が湧いてくる

本田宗一郎

本田技研工業創業者

「後退はしていない自分」も認めてあげよう

「壁に打ち当たった時、真の勇気が湧いてくる」

これは、本田技研工業の創業者、本田宗一郎氏の言葉です。

人が大きく成長するときには、何かしらの困難が訪れます。困難があって、それを

乗り越えるから成長がある、とも言えるでしょう。困難は人生をより良くするために必要不可欠なものなので、ネガティブにとらえる必要はありません。

そのうえ歯科医院を開業して間もない頃、私は歯周病治療についての知識とスキルを身につけたいと思いました。

歯周病になると歯を失うことはもちろん、認知症や健康寿命にまで影響を与えてしまいます。

当時、歯周病治療を世界で最もリードしていたのはスウェーデンのイエテボリ大学でした。私はこの大学に、最先端の技術を学びに行こうと考えました。

ただし、そのためには、開業して間もない病院を半月ほど休まなければなりません。「患者さんが離れてしまうから、やめたほうがいいよ」「売り上げが下がるよ」と多くの人から反対されました。

たしかに、技術を学んだところで患者さんが治療を希望してくれないかもしれません。

しかし、それでも歯周病の知識があればより良い治療ができると考え、多くの人の反対を押しのけて学びに行きました。「地域に最先端の医療を提供する」という意地もありました。

学びに行く覚悟を決めると、勇気がわいてきました。

帰国してから、患者さんに歯周病治療の大切さをお話しすると、予想外に治療を受けてくださる方が多くいました。

成長には困難がつきものですが、それでも前進することで成果はつかめます。

前に進む覚悟を決めると、勇気もわき、エネルギーが生み出されるものです。

また、勉強やスキルの習得は、最初のうちは単純なことが多く、楽しみながら身につけていくことができます。しかし、ある程度のレベルに達すると停滞期に入ります。大きく成長する直前の停滞期はつらい時期です。技術の向上などでは、停滞期と上昇期が代わる代わる訪れると言われます。

停滞期はプラトーと呼ばれ、この時期は目に見えるような成長が得られず、精神的につらいのです。

ただ、この時期にしっかりと困難と向き合うと後々大きく成長できます。

停滞期にマインド、知識、スキルの土台をしっかりつくれば、成功が約束されるのです。

挫《くじ》けそうなときは、「後退はしていない」と自分の頑張りを認めてください。その場で踏ん張って、奮闘している自分に価値を与えてあげましょう。

3

99

十回やれば九回失敗している

柳井正

ファーストリテイリング会長兼社長

失敗はプラスの出来事である

ユニクロ創設者の柳井正氏は、著書『一勝九敗』（新潮社）の中で次のように述べています。

「当社のある程度の成功も、一直線に、それも短期間に成功したように思っている人が多いのだが、実態はたぶん一勝九敗程度である」

より大きな成果を出すためには、うまくいかない時期も必要だということです。

多くのやり直しをして、さらに挑戦しないと、理想の現実には到達できないと私自身も感じています。改善の9回と、10回目のチャレンジが成功の秘訣だということです。失敗も挑戦も数を重ねなければ成果はつかめません。

失敗の一つひとつを改善していくことで、プロとして高い成果を生み出せます。

私は失敗という言葉をあまり使いません。いわゆる失敗は、成功へのプロセスだと考えているからです。

失敗というのは、知識や技術が足りないことで起こるので、達成までに必要なことを教えてくれる課題だと言えます。**失敗は課題設定のチャンスであり、それを乗り越えることで成果が得られます。**

失敗とは、マイナスの中にあるプラスを気づかせてくれるものです。失敗するから成功する方法がわかるのです。

天才と呼ばれる人は、「すごいですね」と言われたときに、その理由がわかりません。

一方で、努力でのし上がってきた人は、「すごいですね」と言われたときに、「○○をしてきたからです」とはっきり理由を言えます。

天才は、うまくいかないときにその理由がわかりません。

努力型の人は、うまくいかない理由を突きとめる力があります。できるようになるための改善を積み重ねて、「成果を出せる自分」をつくってきた経験があるからです。

いわゆる失敗をしたからといって、自分をダメな人間だなどと思わないでください。うまくいかないときは、「課題が見つかり、理想を実現するチャンスが与えられた」と受け止めればいいのです。

たくさんつまずいている人は、それだけチャレンジしている人であり、実力を高めてきているので、成功をつかむ可能性が高いのです。

失敗した分だけ大きな成果が得られるので、安心してください。

4
99

自分一人の感情を抑えきれず、前後の見境もなく激怒したのは、実に恥ずべきことだった

渋沢栄一

日本資本主義の父

「答え探しを一緒にやっている感覚」を持つことが人間関係の秘訣

新1万円札でお馴染みの渋沢栄一氏は、５００あまりの会社の設立・経営にかかわり、日本の資本主義的経営の発展に寄与しました。

渋沢氏はあるとき、同志と意見が分かれ、刀を抜くほどの怒りにかられました。しかし、後々冷静になって考えると、相手の意見が正しく、自分の意見を通していたら、命を失っていたかもしれませんでした。相手の反対意見が渋沢氏の命を救ってくれたのです。

反対者の考えや意見を尊重し、理解する努力をする。そうすることで、問題解決の糸口を見つけられます。

自分の意見が通らないときに、人は、「なぜ、わかってくれないのか?」「なぜ、足をひっぱるのか?」とネガティブな感情をいだきがちです。

また、相手に対して攻撃的にもなってしまいます。しかし、怒りの感情をいだいてもなんの解決にもなりません。それどころか、状況は悪くなるばかりです。

反対者の意見の中にも、プラスの要素が必ずあります。**意見に違いがあるということは、第3の解決策を見つけるチャンスです。**

家族経営の会社で2代目と3代目はよくぶつかります。

ただし、会社を永続させるという共通の目標を持っています。それを達成するためのアプローチの違いから、衝突が起きているだけです。

共通のゴールを持っているので、ぶつかっても落としどころを見つけられます。

相手と自分が「共に解決したいことはなんなのか？」これを探ってみてください。そうすると、怒りがわくこともなくなります。解決のための答え探しを相手と一緒になってやっているような感覚になれるからです。

私たちは自分と異なる意見を聞いたときに、内容がいい悪い、効果があるない、ではなく、自分の過去の知識や経験から判断してしまいがちです。つまり、経験不足や知識のなさから、他者の意見を受け入れられないことがよくあります。

ニュートラルな状態で反応するために、いったん自分の価値観を手放して、相手の意見を聞いてみてください。

潜在意識の法則に、「作用反作用の法則」があります。先に、相手の話を聞けば、自分の話を聞いてもらえます。先に、相手を理解すれば、自分を理解してもらえます。

意見に正誤があると思わないことです。相手はそう思う、自分はこう思う、という事実があるだけです。

同じ会社、集団にいるのなら、ゴールを共有できるはずです。なんのために意見を出し合っているのか、これを明確にしてください。「意見は違うけど、ゴールは一緒」だと確認してから意見を出し合うのです。

最後の到達地点を確かめずに話すから、関係がおかしくなります。

5
99

一歩一歩、地道な努力を積み重ねていけば、必ず結果が出ます

鈴木敏文
セブン&アイ・ホールディングス名誉顧問

すぐやり、続ける2つのコツ

鈴木敏文氏は、セブン&アイ・ホールディングス名誉顧問です。セブン-イレブンを設立し、日本一の小売業に育て上げました。

能力がないから、結果を出せないのではありません。やらないから、結果を出せな

いのです。できるかどうかではなく、「達成する」という決意に価値があります。

国民教育の師父と称された教育者で哲学者の森信三先生は、「一生を充実させるには、今日一日を充実して生きるほかない」ということを語っています。一日が一生の縮図であり、人生に二度とない今日を充実させるのが大事だということです。

では、どうすれば、「達成する」という決意し、コツコツ行動を重ねていけるのでしょうか。決意して行動を起こすには、２つのコツがあります。

【１　目的が明確】

ダイエットでもなんでもそうですが、「何のためにやるのか？」という目的が明確になっていないと人は行動できません。

また、継続なくして成功なしです。目的がダイエットだけなら、やせたら運動や食事に気をつかわなくなります。

美しい体を維持するという目的があれば、リバウンドすることもないでしょう。長期的な目的を考えることで、継続もできるということです。

【2　大きなメリット、多くのメリット】

スタイルの良い体を維持することで、人から信頼されます。自己管理をすることで、尊敬もされるでしょう。

体の維持のメリットを考えると、たくさん見つかります。

人は、大きくて、たくさんの価値が得られなければ、動けないし、続けられません。

目標達成によって得られる価値、メリットをたくさん見つけましょう。

「井上先生は、あと2キロ体重を落とすと腹筋がバッキバキになりますよ。先生、やりましょうよ！」。最近、トレーナーさんからこう提案されました。

定期的にトレーニングしており、これ以上やせるのは難しいのではないか、と悩んで娘に相談してみると、「61歳で引き締まった体はカッコいいじゃん。やれば」とアドバイスされました。それを聞いて私はこう思いました。

「もうすぐ61歳の誕生日だな。新たなスタートを切るために、目標があったほうがいいな。数字にこだわった自己管理と、徹底的にこだわった時間管理をしよう。

そうすることで、読者のみんなはより私を信頼してくれるはずだ」

それなら、今からやろうと考え、その日からトレーニングと食事管理を始めました。

6
99

孤独な者は、もっとも強い

五島慶太《ごとうけいた》

東急グループの実質的な創業者

強いストレスを一度経験しておく大きなメリットとは？

五島慶太氏は、東急グループの実質的な創業者です。

孤独な人は強いものです。孤独を経験すると人はより強くなれます。

あらゆる責任を自分ひとりで背負う人は強いのです。

私は勤務医を経て独立し、歯科医院を経営するようになって、ずいぶん人間として成長し、強くなったと感じています。

今では完済しましたが、北海道の帯広市で開業するときには銀行からたくさんのお金を借り入れました。当然ですが、借りたお金は自分以外誰も払ってくれません。自分が稼いで払っていくしかありません。誰かに経営の相談をしたとしても、返済は自分でどうにかするしかない……。

これは、否応なしに「自分ひとりでやり抜く」という覚悟を決めさせます。そして、この覚悟は人を強くします。

スタッフがやめていこうが、トラブルがあろうが、稼いでいかなければならない。人のせいにしたところで現実は何も変わりません。きれいごとを言ったり、泣き言を言っている場合ではありません。お金を銀行に返せるように稼げなければ、私に価値はありません。

私の場合、借り入れたお金を返済している間に交通事故に遭いました。妻の病院から は頻繁《ひんぱん》に呼び出しがあります。また、歯科医師としてのスキル向上のために、週末にはセミナーにも参加しなければなりませんでした。

それでも、仕事はしなければならない――。忙しすぎて、体調も崩しました。それでも、ひたすら働きました。

当時は、とてもさみしかった記憶があります。誰も助けてくれない。けれど、結果は求められるのです。傍目《はため》にはうまくこなしているように見えていたかもしれませんが、心身共にぎりぎりの状態でした。

しかし、この経験をしたから、今の私は強いと思っています。

現実と戦い続けるのはつらいものです。

しかし、私は必死に経営しなければなりません。社員とその家族、患者さんへの責任を負っているからです。私が倒れれば、これだけの人々が困ります。

「自分が責任を持つ」という覚悟を決めると、どんな状況でも強く生き抜くことができます。

令和5年、いのうえ歯科医院の副医院長が独立しました。ひとり立ちはうれしいですが、当院の歯科医師として長年一緒に働いていたのでさみしい気持ちもあります。

知らず知らずのうちに、その副医院長に甘えていたのだと思います。

仕事量も増え、きつい部分もありましたが、やり抜くと決意すると、今まで達成できなかった売上目標を達成することができました。

7

99

仕事はあきらめてはいけない。最後のひと押しが成否を決めるのだと、紙一重の差を私はそこで悟ったのだった

市村清

リコー三愛グループ創業者

ただただ〝ねばる〟だけでいい

リコー三愛グループ創業者の市村清氏は、保険外交員をやっていた時代に、訪問先に8回断られたことがありました。一度はあきらめようとしましたが、妻に後押しされ

て最後の1回に挑みました。すると、9回目で契約を勝ち取ることに成功したのです。実は、私の知り合いの方から同じようなお話を聞いていたので、この言葉を知ったときには驚きました。その方は、元外資系保険会社のトップ営業マンです。

ある日、その方が落ち込んで家に帰って、奥様に「今日も、1件も契約できなかった」と話すと、「全員に声をかけてきたの?」と言われました。

「全員に声をかけて契約できなかったわけじゃないんだから、あきらめずに、気を落とさずに、また頑張ればいい」と言ってくれたのだそうです。その方は、その後、スランプを抜け出し、会社で1位の成績を出しました。

営業のトップを極めた人たちからよく聞く話があります。

営業の仕事をして家に帰ってきて、玄関で靴を脱いでいるのならまだ余裕がある。玄関で倒れ込んでしまうほどやった人だけが成果を出す。

成果を出す人は、とことんねばる強さを持っています。ねばり強さとは、数をこなすことだとも言えます。

私は幸いにして、社会人になる前に数をこなすトレーニングを経験することができました。大学院の研究が1000回実験してデータをとるというようなもので、地道に数をこなす作業だったのです。これは社会人になってからも役立ちました。

効率が重視される世の中ですが、まずは数をこなすことが大事です。効率を考えて、最初から数を減らすと、ほとんどの場合うまくいきません。

数をこなしてみて、「これは非効率だな」と数を減らしていくのが正解です。

時間をかける、量をこなす。

ビジネスの世界では、こういう人が勝っていく現実があります。認めたくない部分もあるのですが、根性も大事です。

私はたくさんの手術を行なってきました。こなした数には自信があります。数をこなしているので、どんなときも慌てず、心に余裕があります。そのおかげで、手術の質も上がります。やらなくていいこともわかっているので、スピーディにこなせます。

量は自信をつけることにもつながりますが、同時に不安を消すためにも有効です。数をこなすことで、仕事への恐怖心がなくなります。

また、量をこなしていると「考えながらこなす」ということができるようになり、質を上げながら量をこなせるようになるのです。

考えずに量をこなすだけでは成長に限界がきてしまいますが、課題を持ちながら量をこなすと、自分の頭で考える回数が増えます。考えながら行動すると、もう一段上の成果を出せるようになります。

8
99

私は、無である。ハダカである。知恵も、財産も、信用もない。この心境に立って考えれば、おのずと活路が開けてくる

井植歳男《いうえとしお》
三洋電機創業者

自分を「資産の塊」にする方法

三洋電機創業者の井植歳男氏は船乗りの見習い時代、多くの死者が出た倉庫の爆発事故を経験しました。また、早くに親を亡くし、苦労もしてきました。

常に逆境にさらされていたからこそ、このような力強い言葉を残したのでしょう。

以前、天涯孤独の方とお話ししたことがあります。生まれて間もなく、コインロッカーに入れられ、その後、施設で育ったのだそうです。壮絶な人生です。

その方は、「私がいる世界は、生まれたときからジャングルでした」とおっしゃっていました。

この世は、何が起こるかわからないという覚悟を持って生きてきたのです。

その方は、営業スタッフとして車の販売で日本一になり、その後、保険営業に転身して活躍。そして、独立し、経営者となり成功しています。

「人生は常に危険がある」という危機意識を持っていたから、今の自分があるとおっしゃっていました。

逆境をポジティブにとらえることで、確固たる自信を築き上げているのです。

また、私の知り合いに、中卒の成功者がいます。金銭面の問題で、高校に現役で進学できませんでした。そのため、中学を卒業してすぐに働き始め、自分でお金を貯めて進学したのだそうです。しかし、働いて稼ぐ楽しさが忘れられず、学校をすぐにやめてしまいました。

「若い頃から仕事を始めたので、他の人より稼ぐ力があります。しかも、誰にも投資してもらっていないから、自分は資産で出来上がっている」。その方はこう言います。表現のいい悪いはおいておきますが、「他の人は、親に学費を払ってもらって、生活の面倒をみてもらって、負債の塊。逆に、私は資産の塊」と言うのです。

たしかに、大学の学費を考えると、いつ資産になるのか……。なかなか時間がかかりそうです。極端な例として、欧米の大学に留学して日本で働くとなると、自分が資産となるにはかなりの時間がかかりそうです。

恵まれない中で試行錯誤して生きてきたからこそ、心の強さも能力の向上もあったのでしょう。

この方も、逆境から自信を生んでいるのだなと、力強さを感じました。

人は逆境にあるとき希望を失い、ネガティブな感情で満たされてしまいます。しかし、そんなときほど考えてほしいのです。

これを乗り越えると自信が生まれ、成功する、と。どんな状況でも自分ならやっていけるという、自己効用感を持つチャンスです。

自己効用感は、行動を変え、結果を変えます。強い心は、人生を生き抜く上で有効な武器です。折れなければ、成功は必ずつかめます。

9

99

人生というのはマラソンなんだから、百メートルで一等をもらったってしようがないというわけです

石坂泰三《たいぞう》

東芝元社長

長期戦に挑むと幸運がやってくる

石坂泰三氏は、第一生命保険や東京芝浦電気（現・東芝）の社長を歴任。その後、第二代経済団体連合会会長となりました。

順風満帆《じゅんぷうまんぱん》な人生を送っているようですが、「中学受験に失敗」「大蔵大臣の打診を断り、倒産寸前の東芝の社長に就任」「組合との長い交渉」「日本万国博覧会協会会長時の官僚たちとの戦い」など、いくつもの困難を乗り越えて決ました。

そんな石坂氏だからこそ、長期的な視点でものを考えることの大切さを知っていたのでしょう。

以前、患者さんに私の考えた治療計画を提案して、「今は難しい」と断られたことがありました。

断られはしましたが、「おいしくご飯を食べられているかな」など、私はその方のことが気になっていて、理想の治療計画を考え続けていました。

それからしばらくして、その患者さんが医院に来てなんと「先生の考える最高の治療をしてください」と言ってくれたのです。

前回提案した治療計画よりも大掛かりでしたが、私がやるべきだと考えたことをすべて行なわせていただき、理想の治療を行ないました。

この経験から、自分の思い通りにいかなくても、いいイメージを持っていれば、期待以上のことが起こることもあるのだなと思いました。

目の前で失ったことがマイナスなのではなく、失うことによってより大きなプラスを得られることもあるのです。

思うようにいかないときは、マイナスの先にプラスがあると信じてみましょう。**成功する人は、長いスパンで物事を考えられる人です。**

東大教授で蓄財の神と言われた本多静六《ほんだせいろく》先生は、「途中を楽しみながら登ること」と言っています。

人生は長いのです。浮き沈みの楽しさを感じなければ疲れてしまいます。人生はいつもいいときばかりではありません。下がるから、上がったときに喜びがあるのです。人生はある意味実験です。うまくいかなければ、他の実験をして成功させればいいのです。

また、本多先生は「その時節の到来は必須なのだ」とも言っています。

悪いときが永遠に続くことはありません。

時がくれば必ず盛り返せます。

成功のときが必ずくると信じて、日々頑張っていれば、いつか必ずいいときがきます。

第2章

マイナスの中のプラスを見つける

すべての出来事を成長の糧にする言葉

10

99

素人だからこそ常識を超えた発想ができる

安藤百福《ももふく》

日清食品創業者

時には、素人感が強力な武器となる

安藤百福氏は日清食品の創業者です。22歳で繊維事業に乗り出し、その後は、幻灯《げんとう》機《き》の製造、炭焼き事業、バラック住宅の製造、製塩や学校の設立など、さまざまな事業を行ないました。

安藤氏は食品事業を起こす際に、5つの目標を立てています。

「おいしくて飽きのこない味にする」「保存性が高く、家庭の台所に常備できる」「調

理に手間がかからない」「安全で衛生的な食品にする」「値段が安い」ことになりました。

しかし、安藤氏は食品に関しては素人だったので、膨大な量の試作をくり返すことになりました。

そうして、48歳のときにインスタントラーメンのチキンラーメンを開発します。その後、カップ麺のカップヌードルも開発。今では、私たちの生活に欠かすことのできない食品となっています。

食品業界の素人だったからこそ、既存の枠からはみ出し、大ヒット商品を開発することができたのです。**考えが凝り固まっていなかったからこそ、常識にとらわれない発想ができました。**

何かに挑戦しようというときには、必ずその道を先に歩いている人がいます。そういう人は、その業界や分野の価値観でアドバイスをしてくることでしょう。

それは、あなたの心を折るような、あきらめさせるような言葉であることが多いものです。

しかし、専門性がないからこそ、成し遂げられることもあります。素人だからこそ、部外者だからこそ成し遂げられることがあります。

私は、100万人に自分の本を届けると目標を設定しました。そのため、たくさんの本を出したいと思いました。当時の私は出版の素人です。

数冊の本を出した頃、ある方から「立て続けにたくさん本を出すと売れなくなるし、執筆依頼が来なくなるよ」と言われました。

遠回しに「あなたは間違っている」と言われたわけですが、私は著書累計１００万部を目指さなければなりません。ゆったりとしたペースで進みたくありません。

そこで考えたのが、さまざまなジャンルで本を出すということでした。目標達成、話し方、人間関係、仕事術、健康法、古典解説……。

いつも違うジャンルで本を出せば、著書同士が売り場を取り合うことも、依頼が来なくなることもないだろうと思ったのです。そうして、私は5年で累計１００万部の本を出すことができました。

挑戦するときは、余計な情報を入れずに「やる！」と決めてしまうことも大事です。情報や周りの意見に、必要以上に振り回されてはいけません。専門性がないからこそ臆《おく》せず挑戦できて、未来が開けることもあるのです。

11
99

いや、いまだからこそやるのだ

正力松太郎《しょうりきまつたろう》

読売新聞社元社長

ほとんどのアドバイスは「今はやらないほうがいい」

正力松太郎氏は、読売新聞社社長となり、のちに社主となりました。日本初の民放テレビ局「日本テレビ放送網」も創立しました。

正力氏は、昭和6年に満州事変が起こると、夕刊の刊行を決断しました。

編集作業を行なう人も不足し、工場も不足していたため、現場からは大きな反対があったようです。当時、ほかの新聞社が夕刊で失敗していたという事情もありました。

しかし、正力氏は「いまだからこそやるのだ」と夕刊の刊行を断行したのです。

こんな情勢だからこそ、情報を必要とする人がたくさんいると考えたのでしょう。結果として、夕刊は大成功し、100万部に部数を伸ばしました。

私は「人生はいつどうなるかわからない」と思っています。だからこそ、この「今やる」というメッセージはとても響きました。

「今はやめておけ」「タイミングが悪い」というような周りからの意見を聞いて、「やらない」という決断をしてはいけません。

私には、「周りができないから、自分もできないわけではない」、と確信した出来事がありました。それから、自分と他人は違うと考えられるようになったのです。

どんなことでも、**やり方が違うと、全く違う結果が生まれます。**他人のうまくいかなかった事例が、自分にも当てはまると考えるべきではありません。

今までは誰もできていないから、不可能だと思われているだけなのです。これからあなたが達成すればいいだけです。

私が留学すると決断したとき、「患者さんが離れてしまうから、今は行くべきではない」とよく言われました。多くの人が私の留学をネガティブにとらえているのを感じました。

しかし私は、「それなら、患者さんを診ながら、留学する方法がないか」と調べました。

すると、ニューヨーク大学のインプラントを学べる国際プログラムが見つかりました。2年で7回、1週間ずつ、ニューヨークに通うプログラムです。

ただし、日本人用のプログラムがありませんでした。せっかく光が見えたのに、また困難を与えられるのかと思いましたが、あきらめず、大学側に自分の治療の症例をプレゼンしたり、留学したい理由を何度も伝えました。

真剣に頑張っていたら、なんと受け入れてもらえることになったのです。目的と情熱があれば、世界的に有名な大学でもルールを変えて受け入れてくれたりします。

このとき周りが不可能だということでも、やり方によっては実現可能なんだなと確信しました。歯科医院の仕事もしっかりこなし、留学も実現させたのです。

その後、ペンシルベニア大学、先に述べたイエテボリ大学と、海外で研鑽を積む機会を得ました。

やらない理由、やれない理由は、見つけようと思えば簡単に見つけられます。

しかし、難しい状況のときほど、思い立ったそのときに動き出すことで、人生は良い方向へ進むものです。

12

99

更に第四の方策を考慮して、あらゆる場合に備えることにしている

岩崎弥太郎《やたろう》

三菱財閥創始者

「自信」と「臆病さ」の2つがない人はもろい

岩崎弥太郎氏は三菱財閥の創始者です。歴史の教科書にも載っている人物なので、おそらくあなたもご存じでしょう。

一代で三菱財閥を築き上げたのですから、政商としての能力の高さを疑う人はいな

いはずです。ワンマンで豪快な面があった反面、繊細な組織運営をしていたようです。

この言葉は、岩崎弥太郎の性格を表しているように感じます。事を計画するには、三策を用意するだけでは不十分で、全部外れたときのために第四策まで考える必要がある。

自信を持って進まなければならないが、緻密《ちみつ》な計算をし、緻密な計画を立て、どんな状況でも対応できるように進むことが大事だということです。


先にも述べましたが、いのうえ歯科医院には、以前、副医院長がいました。長く働いてくれていたので頼りにしていました。私の負担が減るように、いろいろと仕事をしてくれたり、役割を担ってくれていた優秀な人です。

今後も協力しながら医院の経営をうまく続けていけるだろう、となんとなく考えていましたが、副医院長は独立し、歯科医師が私一人になってしまいました。

副医院長の独立はうれしいことですが、どうやって経営を行なっていくか、自分自身と向き合わなければなりません。

「なんとなくこうなればいいいな」「これが続くといいいな」というあまい考えを持つべきではない、と考えさせられた出来事でした。

ネガティブになってもはじまらないので、この状況を教訓にして次に活かすしかありません。

一時的には、私一人で診療することになりました。しかし、開業してから、一人でやっていた時期もあります。「たぶん今回もやれるだろう」という自信はありました。

私は、手伝ってくれる歯科医師が見つかるまでに、治療の質も下げず、患者さんの数も減らさずに、経営が回っていく仕組みをつくることにしました。

質のいい診療をするにも、売り上げ目標を達成するにも、「達成できたらいいな」では達成できません。

具体的にはどうすればいいのか。目標を明確にして、それをさらに細分化して実行、評価、改善していく。

そのために、私はどのようなタイムマネジメントをしていけばいいのか。診療や手術をスムーズに行なうにはどんな仕組みが必要か。

これらを考え実行し、改善していくことで、医院経営もうまく回り始めました。希望的観測だけでは、成功は遠ざかるだけです。

心では目標の達成を確信しながらも、緻密に考えて進んでいきましょう。

13
99

正しいと思う未来に向けてはチャレンジするんだという精神を忘れずに、これからもやっていきたい

三木谷浩史《みきたにひろし》
楽天グループ会長兼社長　最高執行役員

手遅れだと感じても、始めたほうがマシ！

三木谷浩史氏は、楽天グループ会長兼社長　最高執行役員です。さまざまなサービスが展開されていて、楽天経済圏で生活している方も多いことでしょう。

「今からでもできると考える」
「今からでは、もう無理だとあきらめる」
どちらの考えを持つかで、その後が大きく変わります。

「今からではもう無理だ」と考える人は、思考も行動も停止して何もやれません。

「今からでもできる」と考える人は、何かしらのアクションを起こせます。

私たちは、考え通りの未来をつくり上げてしまうのです。

日本の自己啓発の源流である中村天風先生は、「自分の思い方や考え方が、あなたをつくる」ということをおっしゃっています。

いい思考をすると、いい結果が出る。

「できる」と思うと、積極的に行動できるのが人間です。

積極的な精神で自分を満たし、未来に対して良いイメージを持っていきましょう。

私が尊敬する、90歳を超える経営者の方がいらっしゃいます。

その方は「今が黄金期だ」とおっしゃっています。人生は今からだという考え方です。

私もそれに影響されて、60歳になってからは、「60歳からが黄金期だ」と言うようにしました。

実際に、60歳になってから歯科医院の本格的な組織づくりを始めました。そのおかげで、スタッフのモチベーションも高まり、診療の質も、売り上げも高まりました。「今さら変えてもな」という考え方ではなく、「今からでも変えていこう」という精神を持てたおかげです。

医院の各部門の事業計画を立て直し、評価し、改善点を明確にしていきました。管理職のスタッフには、外部のコンサルタントと定期的にミーティングしてもらい、迷いを相談し、仕事のブラッシュアップを行なってもらっています。

各部門が仕事を力いっぱいできる仕組みになっているか、足りないところを見つけ、改善是正していきました。

「今さら変える必要はない」という考えは捨て、課題を設定し、評価していく。うまくいかず、くり返されるミスは改善する。

常に、未来志向で仕事に向かっています。

「今さらやってもな……」と思ってしまうこともあるでしょう。しかし、やらないよりはやったほうが気分もいいですし、少しずつでも状況は良くなるものです。

14

99

平凡の凡を重ねよ、いつかは非凡になる

岩田弍夫《かずお》

東芝元社長

「当たり前のことを当たり前にやる」コツは、無常を意識すること

岩田弍夫氏は、東芝の社長、会長を務め、日本たばこ産業会長も務めた経営者です。岩田氏は大学を卒業するときに、1日10分外国語に接しなさいとアドバイスされました。しかし、それを実行できたのは60歳になってからのことだったそうです。

1日10分というハードルの低いことでも、なかなかできないものです。いや、誰にでもできそうなことほど、できないのかもしれません。当たり前のことを当たり前に

することがいかに難しいかわかるエピソードです。

人は、小さなことを積み重ねることで、本物に成長していきます。当たり前のことを当たり前にやる、私もこれを大事にしています。

私自身、継続していることがいくつかあります。たとえば、体型維持のためにトレーニングをしていますし、フェイスブックの投稿は15年間毎日続けています。

特に私が最近大切にしているのは、定期的に人と会って話すということです。

私は常に、次に書く本や講演で話すことのアイデアを持っておきたいと考えています。リアルに人と接すると、悩みを聞くことができます。

「こういうことが問題になるんだな」「こういうことがあるから、うまくいかないんだな」ということは、対面でしっかり話さなければ気づけません。

悩みを抱える人に対して、「どういうノウハウを伝えられるかな」と、話を聞きながら考えます。このように、リアルなコミュニケーションを大事にすることで、私はアイデアの枯渇を防いでいるのです。

継続はなかなかできないもの。一度、気持ちがとぎれると、その後もダラダラとやらない日々が続いてしまいます。

『徒然草《つれづれぐさ》』は、全編を通じて「無常」について書かれています。無常とは、簡単に言えば、「私たちの人生は、常に死と隣り合わせ」であると意識することです。

著者の兼好《けんこう》法師は、鎌倉時代末から南北朝時代の戦乱の時期に生きました。そのため、死を身近に感じていたはずです。さらに、兼好はこうも言っています。

建物が朽ち果てていく、本がめくられ古びていく、こういうものを見て、死を感じることが必要だと。

命は人の願いが叶うことを待ってくれません。あなたの思いに関係なく、時間は過ぎ去っていくのです。

だから、兼好は、「やろうと思ったことは、すぐさまやるべきだ」と言います。

死がいつも傍《かたわ》らにあると感じることで、行動を起こすスイッチも入るものです。

人生は永遠ではありません。自分に与えられた時間を意識することで、できなかったことを始めるきっかけになります。

15
99

毎日毎日、嫌なことばかりだけれども、これは砥石《といし》で研がれているようなもんだな

新井正明《まさあき》

住友生命保険元社長

応援される人は、ハードな時期を乗り越えている

新井正明氏は、東京帝国大学法学部を卒業後、住友生命保険会社に入社し、常務取締役、専務取締役、社長、会長、名誉会長を歴任しました。住友生命中興の祖と仰がれた人物です。

昭和14年のノモンハン事件で片脚を失い一度は失意の底に沈みましたが、古典を糧として住友生命の牽引役《けんいん》となりました。

私が医院の経営を始める少し前に、ある記事を見て、これは大事だなと感じたことがありました。

「気が合わない人、嫌いな人でもうまく育てることで経営は良くなる」という内容でした。私は、これを肝に銘じてきました。

人とうまく仕事をしていくときには、我慢も必要です。

私は、仕事ができるだけで人を判断するのではなく、その人をただただ信じるということを大切にしています。

仕事はくり返しやればできるようになります。だから、今、仕事ができないからといって、この人はダメだなどとレッテルを貼る必要はありません。

根気よく見守る、根気よく寄り添う、根気よく教えると人は成長します。コツコツ仕事をやっていくと、スキルが上がって、いろんなことができるようになります。

そして、前よりもできるようになったらほめて、その成長を感じてもらう。自分を見てくれているという感覚は、安心感を得させ、成長のスピードを早めます。円滑なコミュニケーションも生み、良い人間関係が築けます。

また私は、60歳からの10年間で、自分が培ってきた知識と能力をすべて出し切って、最高の病院づくりをしようと考えています。人生最大の価値を残す10年にするつもりです。

今までは人に任せていたことも、積極的に自分でやるようになったので大変ですが、充実しています。理想的ではないけれど、なんとなくうまくいっているから目をつぶっていた部分を、自分で率先して改善し始めました。

その姿勢を見てくれているスタッフの動きもより良く変わっていき、経営もより良くなっています。

山本五十六《いそろく》の「やってみせ、言って聞かせて、やらせてみせ、ほめてやらねば、人は動かじ」はとても有名ですが、その通りだなと年を重ねて実感しています。

人と一緒に仕事をしながら成果を出していく過程では、待つ時期、教える時期、自分がハードワークする時期など、大変な時期があるでしょう。

しかし、その時期を乗り越えることで、自分自身が成長し、あなたのために協力してくれる人、動いてくれる人が現れます。

16

99

運と災難は紙一重である

奥村綱《つな》雄《お》

野村證券元社長

早咲きと、遅咲き、どちらが幸せか？

奥村綱雄氏は野村證券に入社しました。出世が遅れていた奥村氏は、公職追放を免れました。そして、公職追放により経営陣が退陣することとなり、社長に就任することになったのです。会長も歴任しました。

この経緯を知ると、「運と災難は紙一重である」という言葉の重みが増します。

早めに成功をつかんだからといって、長く成功し続けられるわけではありません。

むしろ、**早い成功を望まず、地味でも緩やかな右肩上がりの人生を歩んだほうがいいのかもしれません。**

年を重ねていきながら、年々良くなっていく人生のほうが、私は理想的だと考えます。

仕事面で考えてみても、一時的に大きな結果を得てもそれから衰退していき、長く活躍できない人は多いものです。

『老子』に、「企《つまだ》つ者は立たず、跨《はだ》かる者は行かず」というものがあります。つまだちする人は、長く立っていることはできない。大股《おおまた》で歩く人は、遠くまで行くことはできない。こういう意味です。

一時に大きな力を出すだけでは、遠くまで、高くまで行くことはできません。無理をして成果を取りにいっても続きません。長期的視点で、高い目標を見据えてコツコツとやるべきことをやって、進んでいくほうが確実なのです。

社会的な地位がある人から見て、社会的に見て、価値がある人間になるためには何が必要かを考えて、それをコツコツ積み重ねた人が最後に満足感を得られるのだと思います。

私自身、社会的な評価を意識しながら、長年かけて自分のプロフィールづくりを行なってきました。

年を重ねるごとに自分の価値が高まる生き方をしましょう。

「早く評価を得たい」と焦らなくて大丈夫です。

長期的にいい人生を送るには、自分に何が必要かを見極め、それをコツコツと積極的に行なっていくことです。

人は、自分自身の評価を現状で決めてしまいます。今の自分はたいした結果を出していないから……。こう考えて自分の評価を自分で下げます。たしかに、周りも「今、この人はどんなレベルの人か」、と人を評価しがちです。

しかし、今の自分を卑下することはありません。長期的に良い人生を送るつもりなら、気にしなくていいのです。

早咲きで衰退するのなら、遅咲きのほうが幸せであることは間違いありません。

17
99

しつこく挑戦を続け、連敗記録を更新する

安藤忠雄

安藤忠雄建築研究所代表

やるかやらないかは、「かっこいいか、かっこよくないか」で決める

安藤忠雄氏は、表参道ヒルズなどを手がけた世界的建築家です。独学で建築を学んだ努力の天才です。

そんな安藤氏でも、国際的なコンペでは、はじめの頃は敗退の連続だったのだそうです。

安藤氏のような努力家で才能にあふれた人でも連戦連敗だったのですから、誰もが

はじめのうちは失敗を重ねてしまってもしかたがありません。失敗しても落ち込むことはないのです。

なかなか成果が出ない時期を乗り越えるための秘訣は2つです。

・学んで能力を上げ、準備する

・あきらめない

安藤氏は独学で建築士となりました。つまり、専門知識のある人に教わったり、専門学校に通わなくても、学習の教材をそろえて勉強すれば能力は高まるのです。

私が講演で学ぶことの大切さを語ると、「独学ではなかなかうまくいかないのではないですか」と質問されます。

しかし、それは思い込みです。教材を集め、時間さえかければ、誰もが能力を獲得できる時代になっています。独学なら、みなとペースを合わせる必要もなく、かえってスクールに通う人より早く学びが完了するかもしれません。時間が余れば、他のことに手をつけることも可能です。

一流の人から学ぶことも大事ですが、まずは自分でやれることを実行することが大事です。

また、一度やると決めたらあきらめないことも大事です。達成するまでやるのです。あきらめる理由は、**その結果が本当に欲しいという強い思いがないから**です。本当に自分に必要な結果なら、手に入れるのをあきらめるという選択はありません。言い方を変えると、あきらめられることなら、やめてしまっていいのです。

得られる結果が、自分の人生に本当に必要だと思っているか。それを得ることで、他の人と圧倒的な違い、魅力、強みが得られるのか。今一度考えてみてください。

では、本当に欲しいものはどうやって探せばいいのか。私はこうアドバイスします。

それにチャレンジすることが、かっこいいと思えるか？

この選択をすると大変だけど、かっこいい。そう思えることをやりましょう。

何かをやるときに、かっこいいを基準にして選ぶことは案外重要なのです。バカにできません。

かっこいいならやる、かっこよくないならやらない。

時にはこう割り切って、やるかどうかを判断してみてはいかがでしょうか。

18

99

失敗を重ねても、会社はダメになりません。むしろ発展すると、私は思っています

新浪剛史《にいなみたけし》

サントリーホールディングス会長

問題解決力より、問題発見力が大事

新浪剛史氏は、サントリーホールディングス会長です。以前は、ローソン社長CEOでしたので、そのときの印象が強い人もいるかもしれません。

何事もそうですが最初からうまくいくことはあまりありません。

失敗は誰もがするのです。そこから何に気づくかが重要です。多くの人は、なぜ失敗したか、を突きとめようとしません。

これは単になまけているわけではなく、実はゴールが明確に定まっていないからです。だから、うまくいかなったとしても評価ができず、次につながらないのだと思います。

物事はやる前にどういう結果が欲しいのかを明確にしないといけないし、それをいつまでに得るかも明確にしておかないといけません。

そして、うまくいかなかったら、「なぜ達成できないのか」を考え、不足を補うスキルや知識を身につけ、自分なりに解決することが大事です。

失敗の理由は、１つではありません。４〜５つほど見つけて、その理由を明確にしたほうがいいでしょう。

心に痛みを伴うので、うまくいかない理由と向き合える人はあまりいません。そのため、これができる人は成長が早く、他の人に大きな差をつけます。

私は本当に難しい治療を行なう際には、５つの方向性から考えるようにしています。

大学院時代、指導医や先輩に、「他にはどんなやり方があるの？」とよく言われました。他には？　他には？　と聞かれるのです。

1つの方法しか持っていない場合は、「それでうまくいくんだ、超一流だね」と嫌味を言われたものです。うまくいかない理由も解決策も複数見つけておいてください。

ここまで問題解決の重要性を語ってきましたが、最近では問題発見のほうが大事だと考えられるようになってきました。

ITやAIの発展で、大量の情報を入手でき、答えを容易に手にすることができるようになりました。私たちは、解決策を得ることがラクになってきたのです。

一方で、ある成果を得たいときに、解く問題を間違っているということはよく起こっています。

良い問題とは、解くことができて、解くと効果がある問題です。

解決力は飽和し、発見力は希少化しています。そのため、企業も解決型人材より、発見型人材を評価するようになってきています。

ロジカルシンキングの研修を行なっているコンサルタントの方も、最近では解決力を伸ばす研修より、発見力を伸ばす研修の依頼が多いとおっしゃっていました。

「どんな問題を解くべきか」「この問題を解くと本当に成果が得られるのか」という問いは常に持ち続けてください。ムダな労力と時間を使うのはもったいないですから。

19
99

すべて責任は私が負う

土光《どこう》敏夫《としお》
東芝元社長

誰もあなたの人生に責任を持たないから、やりたいようにやろう

土光敏夫氏は、石川島重工業（現・ＩＨＩ）の社長、東京芝浦電気（現・東芝）の社長、会長を歴任しました。

この言葉は、土光氏が石川島重工業時代に、ブラジル進出を決めたときに発した言葉です。当時、ブラジルは政情が不安定だったため、進出に反対する声がたくさんあがりました。また、世界の大企業が１０００以上もブラジルに進出していましたが、

造船業者は一社もありませんでした。みな、リスクを感じていたのです。

しかし、土光氏は押し切り、結果としてブラジル進出に成功しました。

みんながうなずいてくれることは、大きな成果につながりません。その他大勢の人と同じ考えだということだからです。

知り合いの出版社の社長さんは、ご両親に「人がする反対のことをしなさい、そうすると人生がうまくいくよ」とよく言われたそうです。その教えを守り、その方は活躍されています。

「80対20の法則」というものがあります。この法則によると会社では、20％の人が優秀だと言われます。実は、その中のさらにこの法則にのっとって20％が本当に優秀であると私は考えています。つまり4％の人です。

１００人いれば、４人が優れているのです。この4人に入ったのなら、他の人と話が合わないのは当然かもしれません。

創造的な意見は握りつぶされてしまうものです。

なぜなら、前例がないアイデアは、成功するも失敗するも、判断がつかないからです。過去に例がないので判断材料がないのです。96人には判断ができません。

会社は失敗を許さない傾向にありますので、可能性にかけるというようなことはあまりしないでしょう。社員にも、チャレンジより安全なことをやらせます。

これは、会社としては正しいのかもしれませんが、あなた個人のこととして考えるとリスクでもあります。

時には大きなチャレンジをしておかないと、大きな結果を出すことができないからです。替えが利かない人材にならないと、リスクを抱えることになります。

あなたが創造的な意見を言えば言うほど反対されると思ってください。そして、それを恐れないでください。

あなたは行動経済学のプロスペクト理論をご存じでしょうか。

損か得か、うれしいか悲しいか、人はどのように物事を判断するのでしょうか。

実は、何かを損する悲しみは、利益を得たときの喜びより、心理的に大きく感じるのです。ザックリ言うと、人は損をしたくないのです。損失回避の特性を持っています。

つまり、失敗したくないわけです。そう考えると、よくわからない創造的な意見に対して否定的であることは当然です。

だから、気にせず、どんどん創造的な意見を言いましょう。たくさん失敗しても、一つ大きな成果を得れば、評価など一瞬でひっくり返るものです。

20

99

辛酸を舐《な》めるような苦労をして、のちに大輪の花が咲くといったストーリーが、小説だから実際にそうであったかどうかは別として、すごく好きなのです

中村邦夫《くにお》

パナソニックホールディングス元社長

過去は変えられないが、過去の解釈は変えられる

中村邦夫氏は、松下電器産業（現・パナソニックホールディングス）に入社後、テレビなど情報家電部門のトップを歴任し、社長、会長に就任しました。

パナソニックが「成功体験から抜け出せない遅くて重い組織」になっていると危機を感じ、中村氏は破壊と創造をスローガンに創生21年計画をスタートさせました。

その初年度は大きな赤字を出しましたが、その後V字回復させ、大成功を収めました。


成功するとすべての苦労は忘れられます。

過去の苦労やつらい記憶が痛みとなり、それを忘れられずに振り回されているのは、今の自分が満たされていないからです。

私は過去に大きな痛みをいくつか負いましたが、今では特に気になりません。その痛みから得たものが多く、大きいからです。

過去に気持ちを引っ張られる人は、苦労や不運、失敗を価値に変えられていません。課題を発見せず、課題を放置したからこそ、心の痛みが続くのです。

昔つき合っていた彼氏彼女を忘れられないのは、それ以上の相手とつき合っていないからです。今、すばらしいパートナーがいれば、あの人と別れてよかった、と思えるはずです。

より良い結果を得たときに、人は痛みから解放されます。そう考えると、過去のマイナスな出来事など気にすることはありません。**未来次第で痛みは消えます。**

「なに事もよろこばず、また憂《うれえ》じよ」。臨済宗の僧、無住《むじゅう》はこう言っています。幸せなことがあったときに、過剰に誇らしく思ったり、自信満々になったり、満足感を得過ぎないこと。逆に、不幸なことがあったとしても、憂鬱《ゆううつ》になったり、不安になったり、落ち込み過ぎないこと。

結果にいちいち喜んだり悲しんだりしないでください。

過去は変えられない。その通りです。

でも、未来が良くなると、過去の解釈は変わります。

あの不運があってよかった。あの失敗があってよかった。私たち人類は過去のマイナスな出来事によって、課題を見つけ、より進化してきた一面があります。

未来が良くなれば、過去なんてどうでもよくなる。むしろ、不運でよかった、失敗してよかったと思えるようになります。

「この出来事から何を学べるか？」、この問いを持ちましょう。「過去のマイナスをプラスに変えるためには何をすればいいのか」、こう考えてください。

過去の記憶からくるマイナス感情を消すには、より良い結果を得るしかないのです。

21
99

いまを、がんばる

星淑《よしお》夫

共和電業元社長

「人生は2度はない」ともっと感じろ！

星淑夫氏は、共和電業元社長です。

星氏の妻はがん治療の副作用で苦しんでいましたが「私は頑張る、今を頑張る」といい、その後回復しました。

この出来事から、星氏はあきらめないことの大切さを再確認し、ポジティブに考えることの大切さに気づきました。それからは、厳しいときこそ、「いまを、がんばる」と心の中で唱えるようになったのだそうです。

今では完治しましたが、私の妻もがんになったとき、「大丈夫、大丈夫。個室で快適」と言いながらしなやかな心で乗り切りました。「いまを、がんばる」という言葉を見たときに、他人事とは思えませんでした。

今の自分を信じるからこそ、いい未来が形づくられます。

私の歯科医院は以前一度、売り上げが大きく下がったことがあります。社会情勢も影響していましたが、一時的な人員不足が大きな原因でした。こんなに売り上げが下がったことがなかったので、不安を感じたのを覚えています。

しかし、悩んでいても売り上げは入ってきません。自分のやっていることは間違っていないはずです。スキルもマーケティングも、マネジメントも、他の人より時間をかけて学んできました。

能力を信じて「積極的に医院経営をすればなんとかなる」と自分を鼓舞しました。すると、なんとその次の月に過去最高の売り上げになったのです。

このとき、「今の自分を信じる」ことの大切さを知りました。自分を信じる秘訣こそが、「今を頑張る」ことです。

歯科医師の仕事を頑張ったり、出版を頑張ったり、情報発信を頑張ったり、私はその時その時、できることを頑張ってきました。そして、今回、致知出版社という経営者から日本一支持される出版社で出版することができました。

今を大事に生きることで、新しい展開が生まれ、より良い未来がつくられていきます。


中村天風先生の名著『君に成功を贈る』（日本経営合理化協会）の中に、とても良い言葉があります。

「人生はたった一回限りでありますダブルページはないんでありますす」

人生は一度限り。人生の価値を最大限に高めなければ、生まれた甲斐《かい》がないということです。

何も成さずに死ぬのなら、何のために生まれてきたのかかわりません。惰性で毎日過ごしてはいけません。１日もムダにはできないのです。

今を大切にすることの積み重ねが、あなたの人生の価値を上げます。

22
99

悩みがあるってことは、可能性があるってことさ

山田淳一郎

山田コンサルティンググループ元会長兼社長

可能性がある人しか、悩まない

山田淳一郎氏は、山田コンサルティンググループ会長兼社長を務めました。

公益財団法人山田淳一郎奨学金財団のホームページには、「若者へ」と題して次のメッセージが書かれています。

悩めばよい。越えりゃ良い。

越える度に太く大きく、君がなるから。

なんだ坂、こんな坂　越えるしかないさ。

なんだ坂、こんな坂　頑張るしかないさ。

悩みから逃げるのも一つの人生。

悩みを避けるのも一つの人生。

悩みを忘れようとするのも一つの人生。

でも我々は　正面から受け止めてしっかり解決してみせよう。

そして明日に向かって進もう。


何かに悩むのは、自分の器が小さいからです。

私は、悩んで感情が乱れたときには、「この状況を受け入れられる器がまだないんだな」と思うようにしています。

そして、こうも思うのです。器を広げるともっと魅力的な人間になれる、と。

視点を変えられると、いい効果があります。感情の乱れた自分ではなく、未来の成長した自分にフォーカスできるからです。

悩みに直面するだけ、自分がより魅力的になれる。人間力を磨ければ、慕われたり、信頼されたり、尊敬されたり、といいことばかりです。

こう考えると、悩むとは「自分の足りない部分に気づけるチャンス」だと思えるようになります。自分の不足を補えば、不安のない快適な人生を形づくれます。

不安や失敗をネガティブにとらえるだけで、それを改善する習慣がないと、嫌な感情を消化できない日々を送ることになります。

悩みをポジティブにとらえると、自分をより大きくする可能性があるのです。

また、一つのことに執着すると、悩みは大きくなりますし、不安にとらわれることになります。これがダメならどうしようもない、とならないように準備しましょう。

人間関係も、仕事も、収入源も、環境も、一つではなく数が多いほうがいいでしょう。

私の強みは、歯科医師であり著者であることです。これは心に余裕を生みます。あまり状況が良くないときも、いい流れを待つことができます。流れが良くないときに焦らないために、選択肢を増やす努力をしておくと安心でしょう。

23
99

ウェルカム・トラブル

松井利夫
アルプス技研創業者

逆境にあるときのほうが人間力は高まる

松井利夫氏はアルプス技研創業者です。松井氏は、登山をする中で逆境こそが経営者を強くすると学びました。

トラブルは不幸ばかり運んでくるわけではなく、自分を成長させてくれる、おもしろい人生を形づくってくれる、と知ったのだそうです。

『菜根譚《さいこんたん》』に次のような一節があります。

> 逆境の中に居《お》らば、周身、皆鍼砭薬石《みなしんべんやくせき》にして、節を砥ぎ行《こう》を礪《みが》きて、而《しか》も覚《さと》らず。
> 順境の内に処らば、満前、尽く兵刃《へいじん》戈矛《かぼう》にして、膏《あぶら》を銷《とか》し骨を靡《び》して、而も知らず。

逆境にあるときは、身の回りのものすべてが鍼や良薬となり、節操を守って行動も磨かれる。

順境にあるときは、目の前のものすべてが刃や戈となり、節操をなくさせ、自分の中の重要な部分がそぎ落とされても気づかない。

こういう意味です。

トラブルに直面しているときのほうが、私たちは用心深く、行動も磨かれるのです。

トラブルにあえば、そのときはネガティブな気分になることでしょう。落ち込むでしょうし、被害者意識をいだいてしまうかもしれません。

しかし、トラブルとはしっかりと向き合うべきです。

一度トラブルを経験すると、やってはいけないことが明確になるので、次からうまく立ち回ることができるようになります。

トラブルにあったら、逃げるのではなく立ち向かってください。質のいい考え、行動ができるようになりますし、成長できます。

また、逆境を経験すると人にやさしく接することもできるようになります。その結果、コミュニケーションがうまくいくようになるのです。

私は成功から失敗まで、多くの状況を経験している人は魅力があると思います。それは、相手の立場になって話を聞き、話をすることができるからです。「この人は私のことをわかってくれるな」と思うと、人はあなたに良い印象を持ってくれるものです。

逆境を経験している人と経験していない人では、人はどちらに共感するでしょうか？

誰も順風満帆な人の話など聞きたくありません。自慢話にしか聞こえません。

人生の痛みや苦労を乗り越えたから、話にも深みが生まれるのです。体験から出てくる言葉には重みがあります。ウェルカム・トラブルです。

24
99

山より大きな猪はいない。海より大きな鯨はいない

越智直正《おちなおまさ》

タビオ創業者

自分次第で、問題は大きくも、小さくもなる

越智直正氏は、靴下専業メーカー、タビオの創業者です。

越智氏は若い頃に13年間、丁稚奉公《でっちぼうこう》をしましたがその日々は過酷を極めました。あまりにもつらくて兄に弱音を漏らしたときに、便せんに二行の返事が来ました。

山より大きな猪はいない。
海より大きな鯨はいない。
いくら泣き言を言っても、実際はお前が言うほどのことではない。**自分が問題を大きくとらえすぎているだけだ。**自分のやるべきことをやりなさい。

と、説いたのです。

以前、ＴＳＵＴＡＹＡビジネスカレッジ作品人気投票にノミネートされたことがありました。正直、「これは大変そうだな」と思いました。

ビジネスに関するコンテンツの中からＢＥＳＴ10を選ぶイベントで、要するに、当時の人気ビジネス書著者を集めて、人気投票をするというものです。

ビジネス書の著者になって間もない頃のことで、はっきり言って勝ち目がありません。何をどうすれば私のコンテンツに投票してくれるのかわからないのです。

当時は、顧客リストも持っていませんでしたし、ＳＮＳも今のように発達していませんでした。

しかし、ＴＳＵＴＡＹＡの私の担当の方は、期待して推薦してくれたはずです。グランプリをとって、期待に応えたいと思いました。

これを頑張れるかどうかで、今後の著者人生が決まってしまうような気もしていました。

私はできることをやるしかないと覚悟を決め、関係のある出版社と、知り合いの影響力のある著名人に応援のお願いをしました。

実際に応援してくれるかは、私が情熱を持って目標に進んでいる姿勢を見せられるかどうかにかかっています。

1位を目指して、応援を得るため全国各地を回り、必死に行動していきました。そして、多くの方に応援され、私はグランプリをとることができたのです。

どうすればいいのか全くわからなかったイベントですが、がむしゃらにやってみると1位になれました。

大きな問題だと思っていても、やってみると案外できてしまうのです。

始める前から、問題を大きくとらえすぎて、身動きがとれなくなるのはもったいないことです。

いつも「自分ならできる！」と思っておけばいいのです。ポジティブな感情を持てば、潜在意識は必ず助けてくれます。

第3章

何度でも心は回復させられる

自分を消耗させない言葉

25
―――
99

君が思い悩み、迷ったことは少しも気にすることはない。何かをつかんだはずだ

松本昇

資生堂元社長

8000のくやしい思いが、4000のヒットを生んだ

松本昇氏は、資生堂の2代目社長です。
あるとき、人事に不満をいだいて2カ月以上無断欠勤した部下を松本氏は呼び出し

ました。みなが、その部下は叱責《しっせき》されるだろうと思いましたが、松本氏は「迷ったからこそ、何かつかんだはずだと」と声をかけました。その部下は常務まで昇進し、営業を仕切る人物になったのだそうです。

仕事でもなんでも、自分の思い通りにはなかなかならないものです。そんなとき、人は迷路に迷い込み、遠回りすることになります。

遠回りをするのは、時間も労力もムダだと思えますが、私はそうは思いません。私は医院のスタッフに、「仕事がすぐにできるようにならないことも、いいことだよ」と伝えています。

仕事でもなんでも、最初からうまくこなしてしまう人がいます。なんでも要領よくできてしまう人がいます。

ただし、そういう人は、器用にこなせるけど、仕事に深みが出ません。**一流になるためには、スキルも経験も人間的な深みも必要です。**

回り道をして、たくさんの苦労をすると、いろんなものを見聞きできるので、その結果、着実に実力と人間力が身につきます。

重要なのは、どんな状況でも長く続けることです。そうすると、いつかは花開きます。

私のインプラントチームのチーフは、もともと普通のスタッフでした。最初から、やる気にみなぎっていたわけでも、要領よく仕事ができたわけではありません。

しかし今では、この人ほど優秀な人はいない、と思うほどです。

前のチーフから仕事を引き継いだ頃から、スイッチが入ったのだと思います。一気に成長が加速しました。

実際に、関係のある会社の人たちもこのスタッフの優秀さに驚きます。手術アシスタントとしての知識、技術、取り組み方に感動すると言われます。

長い期間働き続けると覚醒する瞬間が訪れます。遠回りをしても、コツコツやった人は一流になるのです。

時間を誰よりもかけること。コスパなど考えないことです。

元大リーガーのイチロー氏は、インタビューで次のようなことを話していました。

「全くミスをしないでゴールにたどり着いても、深みは出ない。遠回りすることが大事。ムダなことはムダじゃないという考え方が好き」

「4000のヒットを打つには、8000の悔しい思いをしてきた」

迷いながら、遠回りをしながら力をつけた人こそが超一流になるのです。

26
99

もし会社が成功しなければ、私は元の無一物に還《かえ》るまでで、何の悔いるところはありません

藤原銀次郎

王子製紙元社長

「捨てると得られる」の法則

藤原銀次郎氏は、王子製紙の社長、会長を務めました。藤原氏が王子製紙の再建を引き受けたとき、会社は瀕死《ひんし》の状態でした。藤原氏は自分で買えるだけの王子製紙の

株を買い、それを抵当にして、さらに王子製紙の株を買い込みました。退路を断ったのです。

この言葉は、より高い理想のステージに近づくには、捨てるべきことがある、ということを教えてくれます。

「捨てる苦しみ」というものがあります。私は自分がより高いステージに行くとき、人より優れた結果を得たいと思ったとき、必要のないことを捨ててきました。

自分が何かを得ようとするとき、あれもこれもやっていたら、本当にやるべきことができなくなります。何かをやれば、何かをやれないということです。何かに時間を使えば、そのときは他の何かに時間が使えないのです。

捨てる決断ができない、ということは、成し遂げたいことをあきらめていると宣言しているようなものです。

当時、私が通っていた大学院は6年かけなければ修了できないと言われていました。しかし、早く一人前の歯科医師になりたかった私は4年で修了したかった。

そのため、私は不必要な人間関係とは距離をとりました。お酒を飲みに行ったり、遊びに行くことをやめたのです。その時間で、実験をしたり、研究をしたり、データを整理したりしました。この決断は功を奏し、実際に4年で大学院を修了しました。

その後も、私はやるべきことに時間を使うために、必要な人間関係以外とは距離をとるようにしてきました。

人づき合いを全くしないわけではありませんが、最小限にしています。

私は著者として自分を磨き続ける義務があります。

知識の吸収、スキルの向上も大事ですし、体づくりも大事です。新しいものから刺激を受けることも大事です。その時間を確保するために、人づき合いの時間はどうしても削らざるを得ません。

大学院時代は、もっと楽しみたいという気持ちもありましたが、今では慣れました。自分が娯楽を楽しむより、読者や患者さんに価値を与えるほうが大事です。

元Ｋ－１世界王者の魔裟斗《まさと》氏がおっしゃっていました。

トレーナーさんに、魔裟斗氏は練習以外の時間の使い方が悪いと言われたのだそうです。忙しすぎると。テレビの活動をしたり、イベントに行ったり、夜は会食をしたり。それを全部やめてくれと言われました。その忠告に従い、３６５日24時間、チャンピオンになるための生活をしました。

それから3年間トレーナーさんの言う通りに生活したら、チャンピオンになることができたのだそうです。「何かを得るには何かを捨てる」法則があるのです。

27
99

自分にしか歩けない道を自分で探しながらマイペースで歩け

田辺茂一

紀伊國屋書店創業者

どんな場合も、比較からは早く降りたほうがいい

田辺茂一氏は紀伊國屋書店の創業者です。

この言葉は、競うだけではなく、自分の道を、自分の仕事を極めるために進んでいけばいいという大切なことを教えてくれます。

名著『うまくいっている人の考え方』（ディスカヴァー・トゥエンティワン）の中で、著者のジェリー・ミンチントン氏はこう言っています。

「自分と他人と比較するのはどんな場合も好ましくない」

自分と他人を比較すると、自分の中に不満か優越感が生まれます。そのどちらも、成長の邪魔になります。

自分より優れている人を見るとネガティブになり、自分より劣っている人を見るとポジティブになる。

しかし、総合すると、自己肯定感が下がる可能性が高いのだそうです。

あなたにはあなた独自の長所、才能、能力があります。それに、人生経験、生きてきた環境、考え方、ものの見方まで組み合わさると唯一無二の存在です。

つまり、他者と比較することには何も意味がありません。自分らしく、マイペースで行くことが正しいのです。

私は本業の歯科医師としても、出版業界での著者としても、自分らしさを出しながら、コツコツ頑張ることで、人と違う価値を数多く生み出すことができました。

続けるだけでも意味があります。長くやっていると、他の人がやめていくからです。

私が著者になった頃に活躍していた著者で、今でも第一線で活躍している方はごく少数になりました。

早く花開いて勝利をつかんだとしても、その分早くしぼんでしまったら、それは不幸なことだと思います。

人生の花は、最後の最後に咲かせればいいくらいの気持ちでコツコツやっていればいいのです。

私は今、87冊の本を出版していますが、1作目を出したときに、あと86冊出版しなさい、と言われたら心が折れていたと思います。

著者として読者に価値を与えられることはなんだろうと意識しながら、ただただ目の前のことを頑張った結果が87冊の著書です。

「あの人と比べて、自分はいまいちだな」と思うことは誰にでもあります。

しかし、比較に意味はありません。自分らしく、少しでも進み続ければ、必ず良い人生が実現します。

28
99

やろうと思ったら、何でもできる。できると思ったら、必ずできる

大社義規《おおこそよしのり》

日本ハム創業者

ツキを拾う人に共通する考え方とは？

大社義規氏は、日本ハムの創業者で、プロ野球チーム日本ハムファイターズ（現・北海道日本ハムファイターズ）を経営して会社の知名度を高め、業界での地位を確立しました。

大社氏は、日本ハムの選手に、「やろうと思ったら、何でもできる。できると思ったら、必ずできる」とアドバイスしていました。

どんな状況でも、もちこたえれば必ず運がめぐってくる、と考えていたそうです。そのため、不況を歓迎したと言われています。その理由は、ビジネスの新しいアイデアを考える、仕込む時期として理想的だと考えていたからです。

また、不況時にこそ、緻密《ちみつ》に計画を立てることを大事にしていました。ツキが落ちているときに何をやったか、どんな対処法を行なったか、それによって未来が変わると考えていました。

人生はいいときばかりではありません。

コロナ禍《か》では、私自身なかなか身動きが取れないこともありました。医院経営に関しても出版に関しても、攻めていくよりは守ることのほうが多かったように思います。**外に打って出られなくなった時期、私は思考を内側に向けました。**

医院の組織強化、マネジメントについて考えましたし、みなの心に元気がないときにどんな本が必要かとアイデアを考えたりしていました。

どんなときでも、何かできることがあります。逆境のときこそ、今まで目を向けていないところに気がつくので、いい効果もあるのです。

逆境はチャンスです。

今、ツキがなければ、これからはツキが上がっていくばかりです。人生は必ず上昇していくのです。下がったあとは、上がるのです。

20年間、一度も負けなかった雀鬼《じゃんき》・桜井章一氏は、このようなことを語っています。

人には、本当についていない時期もある。でもその苦境を耐え、自分が本当にやるべきことをやり、ターニングポイントを見極めて、立ち向かっていくと運が開ける。

ツキがないときは、やる気がわいてくる。いろいろと工夫することができ、自分の実力を試す楽しみがあるから。

大社義規氏と同じような考えです。やはり、勝ちを拾っていく人には共通の考え方があります。

さらに、桜井氏は、負けないためには「準備、実行、後始末」が大事だと述べています。

準備して、実行して、完結させる。これができる人は勝ちをつかんでいくのだそうです。

29
99

仕事においても人生全般においても、プラス思考ができる「ネアカ」であることが一番

平井一夫
ソニー元社長兼CEO

ごきげんになれる方法をいくつか用意しておこう

平井一夫氏は、ソニーの元社長兼CEOです。
平井氏は、仕事にはトラブルがツキモノで、いつ逆境に立たされるかわからない、

だからこそトラブルのときにどうリアクションするかが問われると言います。

どんなに気をつけていても、トラブルを１００％防ぐことはできません。そのため、何が起こっても受け入れ、感情をマイナスに傾けないことが重要です。

どんな困難に遭遇しても、やるべきことをたんたんとやるしなやかさがほしいものです。

苦しいときに苦しいと考えたり、言葉にして発すると、思考も行動も鈍ってしまいます。そして、何もしなければ状況は悪くなるばかりです。

潜在意識の法則では、マイナスの感情はマイナスの現実をつくります。

だからこそ、感情は絶対にマイナスで終わらせてはいけません。

マイナスの中に、何かプラスがないか？　必ずこう考えてください。

この困難から得られることはなんだろう。

苦しんでいるからこそ得られることはなんだろう。

マイナスを見つめると課題が見つかります。何をすべきかが見えてきます。どんなときでも、やれることはあるのです。

また、あまり良くない状況のときほど、心だけは元気にしておいてほしいと思います。

「井上先生はいつもパワフルですね」、とよく言われますが、それは私が次のような信念を持っているからです。

「人生このままで終わりたくない」

「倒れるなら前に倒れたい」

「人と同じ人生は嫌だ」

そのため、私はいつも元気でいられるのだと思います。エネルギー不足になったことがありません。

ある先生は、夜中に急患を受け入れてほしいと電話が来たら、ワントーン声を高くして対応していたそうです。

「先生、遅くにすいません」と申し訳なさそうに電話してくる人に対して、「起きていたから大丈夫だよ」と明るく元気に対応していたです。

普通なら、「こんな夜中に……」とネガティブになってもおかしくない状況です。

しかし、その先生はいつも自分の心をコントロールして、ごきげんに対応していたのです。

何があっても心はごきげんにしておきましょう。

30

99

名を成すのは困窮のときであり、事の破るるの多くは得意のときである

越後正一《えちごまさかず》

伊藤忠商事元社長

丁寧にじっくり時間をかけることも大事

越後正一氏は、伊藤忠商事の社長、会長を歴任しました。伊藤忠商事を鉄鋼や化学部門も取り扱う総合商社に成長させた人物です。

きついとき、つらいときを乗り越えることこそ大切だと考えていたため、他にも

「逆境のときは、先見性と機動力を試すチャンス」というような内容の言葉も残しています。

厳しい状況のときに、良い種をまいておくと、人生は必ず好転していきます。

開業時に銀行から大きなお金を借り入れて医院経営を行なった話を先にしました。今では借り入れのおかげで、私は短期間で高いステージに上れた、とわかりますが、当時はそうは思えませんでした。

返済していくのは大変です。一刻も早く返してしまいたいものです。苦しくてつらいのです。自分はどうやったら早く返済できるんだろう……。

考え抜いた結果、人と違った仕事をする、というシンプルな結論に至りました。インプラント治療を誰よりもできるようになる。通常完成まで1カ月かかる義歯を、2日間で完成する仕組みをつくる。患者さんが安心できるように、短く端的に伝える説明の技術を磨く。

いろんな取り組みをやることで、売り上げを伸ばしていきました。

窮地に立って本気になると物事は一気に好転していきます。苦しいから、頑張れたし、人より結果を出せたのです。

また、逆境のときほど、時間をかけて丁寧に物事を行なってください。

「この手術は難しそうだな」と思うときがあります。そんなとき私は、意識して時間をかけます。手術のプロセスを細かく分け、納得がいくまで計画を立てます。

そして、いざ手術のときには、一つひとつのプロセスを丁寧に行ないながら進めます。「こんな感じで大丈夫だろう」というあいまいさを持ちながら進むと、出血が多くなったりして、術野が不明瞭になり手術がうまくいきません。

少しずつ丁寧にやっていくと、出血もなく、術野が明瞭で、うまく終えられます。細かいプロセスに分け、丁寧にやっていくと、冷静さを保ちながら、質の高い手術ができます。逆境にいるときは、やるべきことを細かく分け、一つひとつ丁寧に、時間をかけてやることが大事です。

東洋哲学、人物学の権威である安岡正篤《まさひろ》先生は、主体性を回復するための秘訣を次のように教えてくれています。

「失敗によって、すぐにその仕事が嫌になるというようなことがないか、絶えず自分で反省し、修養する」

やはり、失敗したときのふるまいこそが大切なのです。

31

99

悩み苦しんでいるとき、私は人の話は聞かない

堀場雅夫

堀場製作所創業者

相手に気づかれないようにスルーする

堀場雅夫氏は堀場製作所創業者です。海外進出にも積極的で、自社を業界有数の会社に成長させました。

『人の話なんか聞くな！』（ダイヤモンド社）という本の中に、次のような内容のことが

書かれています。

「人の話を聞いても、その内容が自分に当てはまるかはわからない。かえって、個性やオリジナリティがなくなってしまう」

人の話を聞いたとしても、自分の行動は自分の価値観をもとに決定するべきだということです。

人の話を聞くことの大切さはよく語られます。たしかに、コミュニケーションをよくするためなら相手の話を聞くべきです。

しかし、何かの結果を得たいと考えるときには、その通りではありません。

私自身、留学も、出版も、人の話をなんでも聞き入れていたら、うまくいっていなかったように感じています。

人の話は基本的にその人の経験から語られるものです。その話をそのまま受け入れるということは、その人の人生をあなたが生きるということです。そんな人生に意味はありません。

状況も、ポジションも、何もかもが相手とは違うのに、相手の話をそのまま受け入れてうまくいくはずがないのです。

優秀で結果を出している人の話を聞きながらも、「その内容を自分事にして結果を出すにはどうすればいいか」こう考えて答えを出すことが大事です。

人から聞いたことをそのままやっても効果はありません。めんどうですが、このひと手間を怠らないでください。


私の知り合いに超一流のアスリートがいます。ある競技で、トップ中のトップの方です。

その方は、他の選手と同様にオフシーズンは緩い運動で調整していました。

しかし、なかなか成績が上がらないので、思い切ってオフシーズンにハードな練習をしてみたそうです。すると、すごくいい結果が出るようになりました。

今までダメだと言われていることをやるから結果が出ることもあるのです。

トップアスリートは、人類で誰もやったことがないことを成し遂げる、という偉業を目指している人々です。だからこそ、当然、誰もやっていないことをやるしかありません。

人と違うことをするから、人と違う結果が得られるのです。

32
99

会社のなかの個人でも能力に応じて社会のためになるべきだと思っている

福原義春《よしはる》
資生堂名誉元社長

人の前に火をともすと、自分の前も明るくなる

福原義春氏は資生堂の社長、会長を務めました。資生堂の経営の多角化を行ないました。

社会人となると、やりたくない仕事をやらなければならないことがあり、これはし

かたがない部分があります。ただ、やはり、自分のやりたくもない仕事を押しつけられるのはストレスでしょう。

そのため、その仕事の先にある社会とのつながりを意識しておいたほうがモチベーションを保てます。

「この仕事をすると、社会に対してどんな良いことがあるのか」ということを考えられると、それはやりがいにつながります。

やりがいは、当然、モチベーションにつながります。

日蓮《にちれん》はこういっています。

「人のために火をともせば、我がまへあきらかなるがごとし」

人の前に火をともしてあげると、自分の前も明るくなる、という意味です。

人の喜びは、自分の喜びになります。人のために貢献すると、功徳がめぐって自分に返ってくるのだそうです。

潜在意識のエネルギーの法則では、自分のためだけに行動するより、より多くの人のために行動したほうがエネルギーは大きくなると考えられています。

志の大きさによって、エネルギーが与えられるのです。だからこそ、仕事の先に社会への貢献を考えるべきなのです。

と、言ってきましたが……。難しいですよね。

私自身、世のため人のためと考えて仕事をしたことはありませんでした。優れた歯科医師となって、患者さんの信頼を得て、優れた成果を得る。これしか考えていませんでした。まずは、自分を満たすことで精いっぱいでした。

しかし今では、大真面目に、未来を担う子供たちの将来のため、日本のため、という考え方ができるようになってきました。

仕事をしていても、スタッフのためになりたい、スタッフの家族や子供のためになりたいと考えます。スタッフが優れた人物になれば、その子供にいい影響があります。スタッフが成果を出すと報酬が上がり、家族の生活が充実します。

しかし、この考え方は、意識して無理やりやろうとしても難しいのです。

自分が結果を出して、満足感を得ていくと、自然と他人や社会に目が向いてきます。

人に喜んでもらいたい。では、やってみよう。あっ、喜んでくれた。うれしいな。また喜んでもらおう。自分を満たすと、この循環が生まれる瞬間が来ます。

だからこそ、まずは自分を満たすことを考えてください。欲望を隠さずたくさんかなえてください。その先に、社会に貢献したくなる気持ちが生まれます。

33
99

みんな、がむしゃらに取り組んだわけです。それが、結果的によかった

井深大《いぶかまさる》
ソニー共同創業者

夢のかなえ方はわからないまま進んだほうがいい

井深大氏はソニー創業者です。後に登場する盛田昭夫《もりたあきお》氏とともに創業しました。夢を意識し続けることで、自分の行動が達成につながる。夢を念じ続けることは大切です。

具体的な戦略、戦術、計画が大事だと言われますが、まずは自分の夢の実現を信じることが一番大切です。

１日のうちに何度も自分の夢を意識してください。

夢を意識し、そのことを考えて続けていると、人は実現のために必要な情報を得るために行動するようになります。がむしゃらになれるのです。

「自分はどうなりたいのか」、これを常に意識するようにしましょう。

脳には、ＲＡＳという機能があります。

これは、情報収集のためのフィルター機能であると言えます。

単純に言うと、赤いものが欲しいと思うと、赤いものが目に入ってくるのです。たとえば、ベンツが欲しい人は、街中でベンツが走っている姿をよく見かけます。これは、ベンツに意識がいくからです。

夢が明確で、強く達成したいと願うと、ＲＡＳ機能が働き、日常生活の中から達成に必要な情報を集めてくれます。

その情報がたくさん集まると、潜在意識はその中から最も筋の良い情報を選択し、行動が起こされます。

夢が実現しない理由は、夢を忘れてしまうからです。１日のうち、何度か必ず夢を思い出すような仕組みをつくってください。

「ご飯を食べる前に夢を確認」でも、「トイレに入ったら夢を確認」でも、なんでもいいのでルールをつくり、夢を定期的に思い出してください。

夢をかなえようと願えば願うほど、「いつ」「どのように」「どうやって」、目標を達成すればいいのかともんもんとすることがあります。

しかし、潜在意識は全知全能です。

心の奥底で夢の実現を信じていれば、絶妙のタイミングであなたの欲しいものが得られるように働いてくれます。

私は歯科医師なので、戦略、計画を立てて仕事を行なうタイプの人間です。

しかし、「必ずかなう、絶対!」と確信し、やり方もわからず懸命にやると、強いエネルギーが生まれ、夢をかなえられた経験があります。

よく考えると、夢をかなえるとは、未知の世界に挑戦するということです。そのときに、夢をかなえる方法がわかっているのはおかしな話でもあります。

時には、ただただ達成を信じて、がむしゃらに動くのもひとつの手です。

34
99

夢持ち続け日々精進

髙田明《たかた》

ジャパネットたかた創業者

やってもやらなくても同じかもしれないが、
やらないと結果は得られない

髙田明氏はジャパネットたかたの創業者です。髙田氏は、何か言葉を書いてほしいと言われると「夢持ち続け日々精進」と書くそうです。

夢を追いかけ、昨日より今日と、日々成長していくという意味です。

人は信念を持つと、集中して目標に向かっていけるものです。

私の講演会に参加された方から相談をされたことがあります。

その方は、知識も能力もあるのに、お客さんが集められず悩んでいました。そのため、心が不安定になっていたのです。迷っているので、いろんな人の忠告にしたがって、あれもこれもと手を出して、全部中途半端になっていました。

実は目標を持つ人ほどこういった状況に陥りやすいものです。

目標達成に向かっているときに、目に見える結果が得られないと心がブレてしまうからです。

一度目標を決めたなら、誰がなんと言っても、結果が出るまで決めたことを愚直にやり続けるしかありません。

人と違う結果を得られるかどうかは、信念がどれだけ強いかによって決まります。

信念を持って、ブレない心を持つしかありません。

「周りや社会に自分のやることは理解されない」と、いい意味で割り切ってください。みんなが否定的なアドバイスをしてきても無視してください。この人には言ってもしかたがない、と思われるようになります。

私も、「そんなに本を出してどうするの?」と、よく言われました。でも、著者であり、歯科医師でもあるから、他の人と違う人生を歩めているのです。

蓄財の神様である本多静六《ほんだせいろく》先生はこう言っています。

「希望を持ち、先へ先へ仕事の楽しみを追う」

一度、目標を決めたら、希望を持つことが大事です。

希望を持って生きるとは、自分を信じることにほかなりません。可能性と未来を信じる。

目標を立てると、「本当に達成できるかな」「またうまくいかないんじゃないかな」と迷いが生じます。

そんなときに、頭に浮かぶのは、「やってもやらなくても同じならやらないほうがいい」という考えです。

たしかに、どれだけ頑張ったところで目標が達成できるかどうかはわかりません。

ただ言えることは、やらなくては絶対に結果は出ないということです。やらなかったら絶対に結果は得られません。

信念を持って、希望を持って、行動し続けましょう。

35

99

慌てず、焦らず、諦めず、されど当てにせず

大込《おおごめ》一男

日清オイリオグループ元社長

感情の波をなくす「あ行四原則」

大込一男氏は日清オイリオグループ社長、会長を務めました。

大込氏は、中国に進出することになったとき、ある商社の役員に**「慌てず、焦らず、諦めず、されど当てにせず」**という、「あ行四原則」をアドバイスされました。

中国でのビジネスではイライラさせられることも多かったようですが、この四原則で心に余裕が持てたそうです。

この言葉は、「何かを成し遂げるためには、慌ててもいけないし、焦ってもいけないし、諦めてもいけないし、でも誰も当てにせず、自分を信じて前進していくこと」の大切さを教えてくれます。

この言葉を見ると、私は大学院時代を思い出します。

大学院での研究は、誰もやったことがないことを研究します。はっきり言って、答えがわからない中で研究を進めていきます。

当時は、被せる歯を１本１本つくっていました。そこで私は、その歯を６本いっきにつくる方法はないか、と研究をしていました。

複数の義歯を同時につくると、どこかにひずみが生まれます。そこで、どういう配置にするとひずみがなくなるか、ということを調べました。

仮説を立て、実験をし、これは間違っていた、これは正しかった、ということをくり返します。そして、傾向を見つけ、それをまとめ、論文にしていきます。

結果が出るかはわからないけど、自分を信じてやるしかない。

結果を期待し過ぎると、うまくいかないときにショックを受けるので、たんたんとやり続けるしかありませんでした。

それでも、なんとか成果が出せたのは、慌てず、焦らず、諦めず、当てにせず、の精神でコツコツ努力したからです。

『菜根譚《さいこんたん》』に次のような一節があります。

寵利《ちょうり》は人前に居るなかれ。徳業は人後に落つるなかれ。

受享は分外に踰《こ》ゆるなかれ。修為《しゅうい》は分中に減ずるなかれ。

利益は人より先に手に入れようとしてはいけない。慈善の行動は他人に後れをとってはいけない。

報酬を、求めすぎてはいけない。日々、知識や品格、人格を磨く努力を怠ってはいけない。

という意味です。

なかなか欲しいものが得られないときには、くじけてしまいそうになります。しかし、肩の力を抜いてたんたんとできることをやっていきましょう。

36
99

泳いで「無」になった僕の心には、闘志が湧き上がってきていました

大山健太郎

アイリスオーヤマ会長

趣味を真剣にやると、心にも仕事にもいい効果がある

大山健太郎氏は、アイリスオーヤマ会長です。大山氏が水泳を始めたのは、会社が倒産の危機に瀕していた頃です。

悩み続けると病んでしまうと思い、体を動かすためにプールに飛び込んだのだそう

です。運動すると、ストレスがなくなっていくような気がすると語っています。

ビジネスも趣味も同じ感覚でやる。真剣にやる。

いろんな刺激を受けることで、精神面が整い、クリエイティブになれます。

私も趣味を思いっ切りやっています。中途半端では何も得られません。

趣味は真剣に、まじめに、本気で遊ぶからこそ、得られるものがあるし、充実感もあります。

また、仕事と趣味の両方があるから心のバランスが取れます。**心を喜ばせることで充電され、仕事へのエネルギーが生まれるのです。**

趣味を楽しむことで、ユーモアの力、クリエイティブな力が伸びます。いろんな経験することで、新しい発想やアイデアもわきます。

趣味は、あなたの中のいろんな力を覚醒させてくれるのです。

私には、オシャレ（洋服）、ボクシング（観戦もトレーニングも）という趣味があります。

これらを真剣にやると、「こういうところはビジネスに活かせそうだな」と思えるときがあります。

たとえば、対人関係に活かせると感じます。ボクシングは相手と自分がお互いにパンチを出し合いますが、相手の距離に入るとパンチを当てられます。つまり、相手を自分の領域に引き込んで、パンチを当てることが鍵です。ビジネスの交渉や商談、打ち合わせのときも、どうやって自分の領域に相手を引き入れるかが肝になってきます。

そして、自分が力を発揮できる場所でコミュニケーションを行なうことも大事です。たとえば、私は定宿のラウンジで打ち合わせを行ないますが、これは私のホームだからです。

遊びや趣味でやっていることも、真剣にやると学びがあります。

その学びを抽象化して、法則を見つけると、仕事にも生かすことが可能です。せっかく趣味を楽しむのなら、真剣にやってみましょう。

37
99

嫌なことが起こると「むしろありがたい」と感謝するようになってきました

正垣《しょうがき》泰彦

サイゼリヤ創業者

「顔面フィードバック仮説」で心を回復させる

正垣泰彦氏は、イタリアンレストランチェーンのサイゼリヤ創業者です。正垣氏は、多くの修羅場を経験し、窮地に何度も立ちました。

はじめのうちは、嫌なことが起こると傷ついていましたが、だんだん「ありがたい」と思えるようになってきたのだそうです。嫌なことを乗り越えることで、大きく強くなれ、やる気も高まるそうです。

感謝の気持ちと関連して、私は笑顔が大事だと思っています。

笑顔をつくるのは難しいものです。ただ笑えばいいというわけでもありません。目も笑っていなければいけないし、ポジティブな表情も必要です。違和感のある笑顔は逆効果です。ポジティブさが相手に伝わらなければ、意味がありません。

以前、私は笑顔のトレーニングを受けたことがあります。

どんな笑顔が魅力的なのか。ありがとうの笑顔、うれしい笑顔など、感情と笑顔を連動させる練習をしました。また、目だけ、口だけなど、顔の部分部分で笑う練習もしました。練習をしないと自然な笑顔はつくれないので、ぜひ試してみてください。

たいていの人は、「おはようございます」と言いながら、笑顔ではありません。「うれしいです」と言いながら笑顔ではありません。

言葉と笑顔が連動すると、相手に好感を与えることができます。これができる人は少ないのです。心と体をつなげられる人は好印象を得られます。

米国カリフォルニア大学リバーサイド校の心理学教授、ソニア・リュボミアスキー氏は、著書『幸せがずっと続く12の行動習慣』（日本実業出版社）の中で次のようなことを語っています。

ほほ笑みは、ポジティブな感情を高める。そのおかげで、気分が高まり、人間関係が良くなる。すると、不安や苦悩が減り、幸せや喜びを感じるようになる。

あなたが笑顔になれば、相手も笑顔を返してくれる。あなたが笑顔になると、好感を示してくれる。そして、楽しい会話が始まり、人間関係が構築されていく。

こういう話もあります。ポジティブな感情を表現する母親の子供は、ポジティブな感情を表すのだそうです。

配偶者を亡くした人にインタビューして、生前の記憶を思い出してもらったときに、自然に笑顔が出ていた人は、死別後も取り乱すことがなく、生活に多くの楽しみを見つけ、怒りを感じにくいそうです。ほほ笑みかけるなど、幸せな人のように行動すると、実際に幸せになれるということもわかっています。

幸せそうな表情をすれば、ある程度その通りの気持ちになり、これを「顔面フィードバック仮説」と言うそうです。私たちはコミュニケーションを円滑にするために笑顔をつくりますが、自分自身の幸福感を高めることにもつながるのです。

38／99

君子は坦《たいらか》として蕩蕩《とうとう》たり

伊藤直彦

日本貨物鉄道元社長

イライラしやすい人の２つの思考グセ

伊藤直彦氏は、日本貨物鉄道（ＪＲ貨物）の社長、会長を務めました。

伊藤氏が日本貨物鉄道の社長に就任したとき、高校のときの先生から手紙が届きました。

責任が重く、苦労するだろう、しかし、苦労のない人生などないのだから、「生きるは苦にあり」と開き直ってもらいたい。

でも、息をつめていては苦しいばかりだから、そんなときは**「君子は坦として蕩蕩たり」**と口に出してほしい。

りっぱな人はやすらかにのびのびしている。でも、そうできないことが多いからこそ、そうなると思おう。こういうアドバイスでした。

「君子は坦として蕩蕩たり」は、『論語』の一節です。

立派な人格のある人は穏やかでのびのびとして、その逆の人は、落ち着きがなくびくびくしている、という意味です。

会社でも、経営者がカリカリして自由がない環境だと社員は緊張します。嫌な気分になりますし、雰囲気が悪くなります。

チームワークは悪くなりますし、個人個人のパフォーマンスも落ちるでしょう。

そのため、私は医院では、スタッフになるべく自由な雰囲気で働いてもらうために、積極的に裁量権を渡すようにしています。

人を信じて、任せています。最後に報告だけしてもらう体制になっています。

イライラ不機嫌で、いいことなど何もありません。

イライラしやすい人の考え方のクセが2つあります。

まずは、何事も「○○すべき」と考えることです。

こう考える人は感情が乱れやすい。なぜなら、「すべき」だと思っていることは、いつもできるわけではないからです。できないときには、自分への嫌悪感につながります。

また、自分以外の人に「○○すべき」を押しつけると、それも感情が乱れます。他人はコントロールできないからです。

すべきではなく、「○○したほうがいい」くらいに考えることです。

物事に白黒つけたがる人もイライラしやすいものです。

世の中は、二者択一で解決することは少ないのです。ここは黒だけど、ここは白だし、全部黒ではないからいいか、くらいに柔軟に考えておくとイライラもしなくなるでしょう。

39
―
99

無所属の時間を意識する

牛尾治朗《じろう》
ウシオ電機創業者

なぜ、移動する人はうまくいくのか？

牛尾治朗氏は、ウシオ電機創業者です。
一人になり、組織に所属しない時間で、苦しみや感動、感激、悲しみを感じてみる。
すると、経営や仕事にプラスになることがある、牛尾氏はこう言っています。
私は以前、経営を学ぶためにドラッカーの経営を学ぶ塾に通っていたことがあります。

「無所属の時間を意識する」、この言葉を見たときに、その塾に参加していた先輩経営者の方がおっしゃっていたことを思い出しました。

その方は、１年に一回、一人で温泉旅行に行くのだそうです。

そして、ゆっくり温泉に入りながら、ドラッカーの５つの質問について考えます。

「われわれのミッションは何か？」
「われわれの顧客は誰か？」
「顧客にとっての価値は何か？」
「われわれにとっての成果は何か？」
「われわれの計画は何か？」

この質問に一人でじっくり向き合う時間をつくってから、経営がうまくいくようになったのだそうです。

それまでは、求人をしても、あまり素行がいいとは言えない人たちばかりが来ていて、採用できる人材が集まらず困っていたのだそうです。

しかし、一人の時間をとり、しっかり経営と向き合い、方針を決めたことで変わりました。今では、京都大学などの国立大学の大学院を修了した優秀な人が集まるようになったのだそうです。

その結果、自社の商品を世界展開するまでになりました。

実際に、会社訪問をさせていただいたのですが、役職のない社員の方々でも、経営幹部のような振る舞いができる優秀な人ばかりでした。

一人になって自分と向き合う時間をつくることで、会社を大きく成長させたのです。

私も毎週末東京に仕事をしに行きます。全国各地に出張する機会も多くあります。北海道からの移動ですので、当然時間がかかります。

しかし、この時間があるからこそ、私は満足いく人生を形づくれているのではないかと思います。移動時間にはいろんなことを考えますし、考えを巡らせていると、自分を俯瞰《ふかん》して見るようになります。この客観的に自分を見る機会があることで、自分本位ではない、社会的価値を生むことができているのだと思います。

第4章

しなやかで、柔軟な心をつくる

すぐやる、やり抜くための言葉

40
99

成功している人のほとんどは声が大きく、いつもニコニコしていることが共通しています

樋口廣太郎《ひぐちひろたろう》

アサヒビール元社長

元気は活動の資本！

樋口廣太郎氏は、アサヒビールの経営者でした。再建不能と言われたアサヒビールを復活させ、社員に愛される組織づくりを行ないました。

大きな声を出して、笑顔で元気にしていれば、うまくいく。これが、樋口流の成功法則だったようです。

私も、これはすぐに実践できる、とてもいい成功法則だと思いました。

細い路地にある小さな飲食店がありました。お客さんがお店を見つけるだけでもひと苦労するような場所で集客には最悪の立地です。しかし、そのお店は大繁盛店になりました。

その理由は、「いらっしゃいませ」「ありがとうございました」を、大きな声で言ったから。まさに樋口流の成功法則の実践です。

細い路地から聞こえる大きな声に、大通りを行き交う人々が引き寄せられて繁盛店になったのだそうです。

大きな声で人の耳に届くあいさつする、これだけのことですがバカにできないと思いました。

「この人は元気だな」と思ってもらえると、好感を得られます。

たとえば、朝気持ち良く「おはようございます、今日も1日よろしくお願いします」とあいさつをする。

大きな声で、笑顔であいさつができる人は少ないものです。9割の人は、ただあいさつをしています。

だからこそ、いいあいさつをする人はそれだけで好感を得ます。

「この人、なんかいいな」「この人は他の人と違うな」と初対面で思ってもらえれば、その効果は長く続くものです。

明るく元気にあいさつする人は、人にエネルギーを与える人でもあります。

私が通うジムのパーソナルトレーナーは楽天的でとても明るい人です。「調子はどう?」と聞くと、いつも「絶好調です!」と気持ち良く答えてくれます。大会でうまくいかなくても、「課題を見つけました!」と元気に答えてくれます。

私がどんなに疲れていてもジムに行こうと思えるのは、彼から元気をもらえるからです。

どんなときでも、元気にごきげんでいましょう。

「元気があればなんでもできる」、アントニオ猪木さんの有名な言葉です。

猪木さんは、『最後に勝つ負け方を知っておけ。』(青春出版社)のなかで、ケガをしたりして「もう今日はダメだ」という日でも、闘魂という言葉を思い出してリングに向かったと述べています。その闘魂を支えていたのは、やはりこの言葉「元気があればなんでもできる」だったのだと思います。

41
99

意気地《いくじ》さえあれば失敗などということは人生にないと思う

松永安左エ門《やすざえもん》
東部電力創業者

逆境があるから、本気になれる！

松永安左エ門氏は、九州水力電気・東部電力の創業者です。電力事業業界で活躍し、「電力の鬼」と言われた人物です。

松永氏は持ち株が暴落して一文無《いちもんな》しになったり、火事で自宅が全焼したりと、多くの困難を乗り越えてきた人物です。

何度も失敗からはい上がったからこそ、「意気地さえあれば失敗などということは人生にないと思う」という言葉を残したのでしょう。

何があっても意志を通し、やり遂げようとする気力さえあれば、なんとかなる。道は開けるということです。

私は開業のときに、銀行から事業資金を借り入れました。これは、計画のうちではあるわけです。

しかし、その後、歯科医院のある土地を買い取らなくてはならなくなったり、想定外の借り入れもしました。借入金が増えたので、返済額もふくれ上がりました。

着実に返済していくには、高いレベルの治療をして、患者さんに来てもらうしかないのですが、結局は歯科医師としてのスキルを磨くために学ぶしかありません。

学ぶのは東京や海外ですから、北海道から移動する経費も時間もかかります。

「大学院まで行って、今まで十分勉強してきたでしょ」、「あまりムリをしても続かないよ。スキルの習得が中途半端になったり、患者さんが離れるよ」、「お金をあまり使わないほうがいいんじゃない」、多くの人からこうアドバイスされました。

でも、お金を銀行に返済するのは誰ですか？　そのアドバイスをくれた人ですか？

そんなわけありません。私が返済するのです。

北海道と東京を毎週移動するのは心身ともに疲れます。東京で、不整脈になったり、尿管結石になって、救急で病院へ行ったこともあります。

それでも、背水の陣である私は学びをやめられない。そうしないと、特別な歯科医師にはなれないからです。

保険適用の診療だけではなく、保険適用外のインプラント治療や歯周病の治療もできたほうがいい。誰にもできない難しい手術ができたほうがいい。患者さんに負担がないように、治療も手術もより早くできたほうがいい。

逆境のときは本当に苦しいですが、飛躍のきっかけなので、その状況に感謝です。借金が返せないと最悪のシナリオが待っています。保険金で払えと言われれば、命を懸けるしかありません。最悪の場合、借金を生命保険で払うしかないので、行動せざるを得ないのです。

今振り返るとわかるのですが、逆境なくして本気になるのは難しいのです。

42
99

もしあかんかったら、辞めたら良い。だから、できることを精一杯やろう

佐治信忠

サントリーホールディングス会長

勢いではじめて、ダメならやめればいい

佐治信忠氏はサントリーホールディングス会長です。
完璧主義をやめると、考えすぎて動けない、ということがなくなります。
緻密な戦略や計画を立てて進むことはとても大事です。しかし、動けなくなるくら

いなら、うまくいかなかったらやめるという考えで決断し、進むことも大切です。**新しいことに取り組むとき、誰もやっていないことに挑戦するときは、戦略も計画も立てられません。**

周りはいろんなことを言います。人は自分の経験からしかアドバイスできませんので、未知の領域に挑戦する人に対しては否定的になりがちです。

未知のことに挑戦するときは、どうしても手探りで進んでいくしかありません。とりあえず前に進むしかない。前進しながら考え、より良なる方法を見つけ出していくしかありません。だから、他人の言葉に影響される必要はありません。

私自身、著書累計100万部を突破させるとき、ルールを変えてもらってニューヨーク大学に留学するとき、やり方も戦略も不明な状態でした。計画なども立てられませんでした。とにかく、がむしゃらに動くしかなかったのです。

まずは、行動する。そのときそのとき、その都度その都度、できることをやっていく。これしかできない時期があります。

ただ、こういうときほど、なぜか案外うまくいくことが多いように感じています。信念を持って突き進むと、潜在意識が働くからです。

行動する人と、考える人がいたとします。1年後、行動した人は成功しているかもしれませんが、考える人は1年後も考えているだけでなんの成果も出していない可能性が高い。

行動した人も成功はしないかもしれません。しかし、経験は得られます。動くと次の展開が起こりますし、出会いもあります。今の状態に変化が起こります。後々うまくいく可能性もあるのです。

孫子の兵法に「激水の疾《はや》くして石を漂わすに至る者は、勢《せい》なり」というものがあります。

水の流れに勢いがあるから、岩を押し流すことができるのです。

また、「鷙鳥《しちょう》の撃ちて毀折《きせつ》に至る者は、節なり」という一節もあります。勢いを小さな的に一気に放つから、タカやワシの猛禽類《もうきん》は獲物をしとめられるのです。

時には、勢いの力を利用して、一気に動き出し、行動してみる。そうするといい効果があります。

43
99

苦労すればするほど、それを克服して成し遂げた時の喜びは大きい

宮崎輝《かがやき》
旭化成工業元社長

充実感は〝少し難しいこと〟をするから得られる

宮崎輝氏は、旭化成工業社長、会長を歴任しました。日米繊維交渉においても、日本化学繊維協会会長として、政府間協定による輸出規制の阻止に向けてリーダーシッ

プを発揮して奮闘しました。

困難こそが醍醐味《だいごみ》と語っていたため、難しい問題に取り組むことも楽しく感じていたのでしょう。

いのうえ歯科医院も、以前、難しい課題に挑戦しました。

ＩＳＯ規格を取得することにしたのです。ＩＳＯとは、国際標準化機構の英語表記の略称です。スイスのジュネーブに本部を置く非政府機関です。

ＩＳＯは国際的な規格を制定します。なぜこんな活動しているのかというと、同じ品質、同じレベルのものを世界中で提供できるようにするためです。

ＩＳＯ規定があることで、製品やサービスの国際的な基準が測れます。つまり、ＩＳＯ規格を取得すると、信頼性が高まるのです。

私たちが取得したのは、組織の品質活動や環境活動を管理するための仕組み、マネジメントシステムでした。組織が目標を達成するにはマネジメントが必要で、組織を指揮したり、管理するための仕組みが必要です。

ただ医院を経営するだけではなく、世界的企業のレベルと同等のマネジメントシステムを取り入れて信頼性を高めるため、ＩＳＯ規格を取得することにしました。

ＩＳＯのマネジメントシステムを一流の世界的企業が取り入れているということは、

継続した経営をしていくには必要な仕組みであり、いのうえ歯科医院にも必要なはずです。

社会的信用度、患者さんからの信用度が高まり、安心して治療を受けてもらうことにつながります。

ＩＳＯ規格をとることには、費用の負担もかかりますが、スタッフにも負担がかかります。

その分、スタッフのみなにはリターンが必要です。

ＩＳＯのシステムを導入することで医院が繁栄し、みんなに報酬のリターンがあるはずです。このシステムの中で働いていたということは、転職するときにも武器になります。

組織のマネジメントシステムを基準以上にすることはとても大変でした。スタッフの退職が重なり一時的に人員が少ない時期もありましたし、そのときは残ったスタッフの負担が大きかったと思います。

それでも一つずつ課題を解決していき、ＩＳＯ規格を取得することができました。優れたシステムだったので、各方面にいい効果があり、今では取得してよかったと考えています。**難しいことを達成した後には、喜びがあるのです。**

44

99

新しいものは、従来の考えからすれば、いかがわしいものだ。だが、それがないと、文化や文明は先に進んでいかない

中内切《いさお》

ダイエー創業者

いかがわしいと思われることを真面目にやる

中内切氏はダイエーの創業者です。価格破壊を信念にチェーンストアを全国に展開して、小売り売上高日本一を達成しました。

誰もやっていないことにはチャンスがあります。ただ、新しいことをやる人は、誰にも理解されないので、いかがわしいと思われることがあります。

私は、人生のある期間では、夢や希望を優先し、先のことを考えずに、誰もがやっていないことに挑戦してもいいのではないかと思っています。

そのときは、おそらく誰からも理解してもらえないでしょう。よくわからないことをやるのですから、いかがわしいと思われることもあるでしょう。

一度しかない人生ですから、あまり守りに入らず、慎重になり過ぎないようにしましょう。理解されないけど、やりたいことをやっていくことも大事です。

1年や2年そういう時期を過ごし、仮に失敗したとしても、長い人生で挽回することは可能です。

失敗して気づくこともあるでしょうし、逆に、枠にはまらないからこそうまくいくこともあるでしょう。

もっと自由に考えて、動いていいのです。

『黒い家』『悪の教典』『新世界より』などのベストセラーを世に出した小説家の貴志《きし》祐介《ゆうすけ》氏は、『エンタテインメントの作り方』（KADOKAWA）の中で、「自分を枠に押し込めるな」ということを述べています。

「アマチュアのうちは、〝自分はこういう作家だ〟と枠にはめてしまわないほうがいいと思う」

「少なくともまだアマチュアであるのなら、自分のカラーを決めつけて自分を枠に押し込めてしまうことは、可能性を制限することにしかならないとアドバイスしたい」

「時間の許すかぎりさまざまな手法、文体、ジャンル、アイデアを試してみてほしい。挑戦してみないことには、何が大きく花開くのかわからないのだから」


スタイルが自由で、まだ固まっていないということは、いかがわしいと思われることもありますが、大きな可能性を秘めているのです。

アマチュアという言葉が気になる人もいるかもしれませんが、新しいことに挑戦するときは誰もがアマチュアです。

今では巨大な企業であるアップル社ももともとはガレージから始まった会社です。世に普及していないコンピュータを扱う会社などいかがわしかったはずです。しかし、自由な発想で、勢いで進んだから成功したのです。

45
99

志を打ち立て、その通りに行動する

小倉昌男
ヤマト運輸元社長

自分軸をつくる「ミッション」「ビジョン」「目標」とは？

小倉昌男氏に、ヤマト運輸社長、会長を経て、ヤマト福祉財団理事長となりました。クロネコヤマトの宅急便の生みの親としても知られます。

志が、人の考え、行動を決めます。

自分の志は、どんなミッション、ビジョン、目標を持っているかで決まると私は考えています。

この3つのベースがしっかりしていると、どう考え、どう行動していけばいいのかが明確に見えてきます。

自分の軸が定まっていなければ、何事も積み重なっていかず、大きな価値を生むことはできません。

軸さえあれば、やることすべてに意味を持たせ、価値を生むことができます。ミッション、ビジョン、目標に一貫性がないと、思考も行動もブレてしまいます。したがって、心も折れやすくなるのです。

「井上先生は言行一致ですね」と言ってくれる人がいます。素直にうれしく思いますが、自分の軸が決まっているからだと思います。

それでは、自分の軸を定めるミッション、ビジョン、目標とは、なんなのでしょうか。一つひとつお話ししていきますので、自分に当てはめて考えてみてください。

ミッションとは、使命のことです。

「自分は何のために生きているのか?」ということです。たとえば、「患者さんにとって理想的な歯科医師になる」というようなことだと考えてください。

ビジョンとは、理想的な状況のことです。

患者さんにとって理想的な歯科医師になると、どうなっているか、というようなことです。

タイムマシーンに乗って、どんな人間、どんな状況になっているのかを考えてみましょう。

目標とは、ミッションを達成するために具体的にやることです。

「何を達成するのか？」「いつ達成するのか？」「どこで達成するのか？」「どうやって達成するのか？」「誰と達成するのか？」というようなことです。

ミッション、ビジョン、目標を持って、日々の生活を送ることで、自分の軸が定まり、思考と行動のブレがなくなり、しなやかな心をつくれます。

自分の意思に反した言動もしなくなるので、自分を嫌いになることもなく、自己肯定感も下がりません。

46
99

ゆっくり急げ

布《ぬの》川《かわ》角《かく》左《ざ》衛《え》門《もん》
日本出版学会元会長

先が見えない長い道を歩むコツは「ぞんざい丁寧」

布川角左衛門氏は、岩波書店で編集に携わり、日本出版学会会長も務めました。

ヨーロッパでは、古くから「ゆっくり急げ」という格言が用いられているようです。「結果を得るためには、ゆっくり進んだほうがいい」。しかし、「進むのが遅すぎるとそれはそれで結果が得られない」という意味のようです。

人生は一歩一歩進んで着実につくっていくもの。

人生では、急ぐ必要がある場面もあります。しかし、早く達成しようとすることも大事ですが、ゆっくり慎重にとりこぼしなくやっていくことも大事です。

物事はゆっくり動かしていったほうが、状況確認も、判断もしやすいし、周りの景色もしっかり見ながら進めるので経験も積めます。

時間は有限なので時間をかけすぎてもいけませんが、ゆっくりやる時期があるから実力がつきます。

また、生き急いでストレスフルになると心が折れやすくなります。

私にはよく連絡を取り合う大学教授の方がいますが、メールのやり取りのなかで「ぼちぼち頑張りましょう」とよく書きます。

私は週末は東京で仕事をやっているので、毎週月曜日の朝5時に起きて、東京から北海道に帰って来る生活をしています。北海道に帰ると、たくさんの患者さんをいのうえ歯科医院で診察します。

自分で診察することを大事にしているのですが、エネルギー不足にならないように、「ぼちぼち頑張りながら」診察をします。

急ぐことも必要だけど、ゆっくりもしないと体も心ももちません。

ぼちぼちでも、ゆっくりでも、全くやらない日がないようにすることが大事です。

文豪・幸田露伴《こうだろはん》の教えに「ぞんざい丁寧」というものがあります。

ぞんざい丁寧とは、**「いいかげんでもいいから長く続けてみると、一回だけ丁寧にやるよりいいものができる」**ということです。

何かやることを決めて、ぞんざいでもいいから、さぼらないこと。ゆっくりでも続けると、大きな成果が得られたり、実力が高まることに気づくでしょう。

人生は長いのです。

急いでばかりではエネルギー不足、ガス欠になってしまいます。また、景色を見ながら進まなくては、おもしろくもないでしょう。

時にはゆっくり、腰を据えて、楽しみながら何か一つのことをやり続けてみてください。

47
99

人さまと恩ある御縁を得て、その都度いただく仕事をとにかく誠実にやろうとだけ思い、歩いて来たと思う

立川《たちかわ》孟美《たけよし》
立川ブラインド工業創業者

たった一つのことを極める効用

立川孟美氏は立川ブラインド工業創業者です。
「地味で、努力をすれば成果が得られる仕事だけをやってきた。成功の秘訣は、ブラ

インドの仕事一筋で頑張ったから」、このようなことを立川氏は言います。

私が何か仕事を頼むときには、その道一筋の人に頼みたいものです。一つの仕事を長年丁寧にやっているということに、信頼性を感じるからです。

私が身を置く歯科の業界でも、なんでもやっている先生より、専門性を持っている先生に診てもらうことをおすすめします。

一つのことを突き詰めている人は、それだけ深い知識があるし、経験があるので腕も確かです。

二つ三つのことをやっている先生より、一つのことを極めた先生に診てもらったほうがいいでしょう。

ニューヨーク大学に留学していたときに、世界中で講演していくのもいいな、と思ったことがあります。大学からも、やるなら応援すると言ってもらえました。

あるとき、骨移植の講演を聞く機会がありました。骨造成のサイナスリフトという方法についての話だったのですが、その先生の知識量に圧倒されました。講演のために使っている資料も膨大な量だったのです。

ジャンルは違うにしても、こういうレベルの高い人たちが講演しているのなら、私の出番はないなと思ってしまいました。ここまでの専門家にはなれないと思ったのです。

一つのことをやってきた人には、圧倒的な強さがあります。

人の信頼を得るには、一つひとつの仕事をしっかり完了させること、そして、相手の期待に応えていくことです。

その積み重ねが、仕事の依頼につながり、仕事人生を繁栄させてくれます。

『徒然草《つれづれぐさ》』に、次のような一節があります。

一生の中、むねとあらまほしからん事の中《うち》に、いづれか勝るとよく思ひ比べて、第一の事を案じ定めて、その外《ほか》は思ひ捨てて、一事を励むべし。

一生のうちに、絶対に成し遂げたいと思うことがいくつかあるでしょう。それらを比べてみて、最も望むことを一つに限定してみよう。

当然、いろいろと未練が残るけど、きっぱり断念し、これこそ第一と定めたことだけ、一生懸命に集中、努力しよう。

こういう意味です。

長い時間をかけて一つのことをやれば、いつかはものになるものです。そして、それは自信につながります。

自信を持つと、心が折れることもなくなります。

48

99

敢然《かんぜん》として我等《われら》は我等の信ずる道に向って鋭意驀進《えいいばくしん》すべきである

野村徳七《とくしち》

野村グループ創業者

やり抜く人は使っている行動分析学5つのテクニック

野村徳七氏（二代目）は、野村グループ創業者です。この言葉は、自分の信じる道を究めるために一生懸命励むことの大切さを説いています。

毎日少しずつでも進んでいくことで、成果が出てきます。私にとっては、本書もそうです。たくさんの思想家、世界に名をはせる経営者を紹介している『致知』という雑誌を刊行している、信頼ある出版社で本を出すことができました。

致知出版社から本を出すことは、10年前から私の夢でした。夢がかなったのは、出版業界や本業での一つひとつ仕事の積み重ねの結果です。

勉強も行動も習慣も、コツコツ行なっていくのはなかなか難しいものです。

アメリカの心理学者Ｂ・Ｆ・スキナー氏が創始した行動分析学という学問がありま す。その特徴は、実行のハードルを限りなく下げて行動を生み出すというものです。これは、即効性を重視しているためです。

行動分析学は、行動できない理由を「本人の意思のせい」にしません。行動できないのは自分ではなく、相手や場所や、締め切りなどの環境が原因だと考えます。

つまり、環境を工夫することで、行動力を高めていくというアプローチをします。

行動分析学に基づく「行動を変える秘訣」は５つあります。

【１　具体的な行動を決め、行動のキッカケを整備する】

たとえば、「仕事をする」ではなく、「資料を１ページ読む」というようにやるべきておきます。

ことを具体化します。その資料は、机の真ん中に置いておくことで目につくようにし

【2　行動を記録する】

自己記録することで、行動が変化するとわかっています。資料を1ページ読むのにかかった時間を記録したり、チェックリストをつくり資料を1ページ読めたらチェックを入れるというようなことです。

【3　低い目標の設定】

資料を1ページ読むなど、行動のハードルを思い切って低く設定します。

【4　行動を評価する】

決めた行動ができたら、カレンダーにシールを貼るというようなことをします。

【5　正しいご褒美を用意する】

好きな歌手の動画を観るなどのご褒美を設定し、カレンダーにシールを貼ったら、実際に観ます。

これらの秘訣を実行すると、行動力は高まるのだそうです。コツコツ毎日一歩ずつ前進するために参考にしてみてください。

49/99

一人・一研究

松尾孝

カルビー創業者

意志を貫く「一人・一研究」

松尾孝氏はカルビー株式会社の創業者です。

健康にいい、栄養のあるお菓子をつくるという意志のもと、スナック食品の研究開発に生涯を捧げました。

松尾氏が開発したかっぱえびせんは、１９６４年に発売され、１００億円規模の売り上げを達成しました。

その後、ポテトチップスも販売を開始し、私たちの生活に身近に関わる企業になりました。

「一人・一研究」とは、松尾氏が20歳のときに講習会で聴いた言葉でした。

「あなたたち若者は過去から未来を結ぶ鎖となり、人生をかけて何か一つでもいいから、後世に残しうる仕事を成し遂げなさい」という内容だったそうです。

私も若い頃から、歯科医師の仕事に人生をかけようと決めていました。

一流の歯科医師になるためには何が必要か考えましたが、やはり業界で認められる実績を出していくということだと確信しました。

そのため、1年に100日以上、勉強会に行っていた時期もあります。

勉強会、セミナーが行なわれる会場までの移動時間もテキストで勉強していました。

開院前の勤務医だった頃は、電車の通勤時間も勉強にあてていました。

診療が終わってから、治療のトレーニングもたくさんしてきました。

枕元に模型を置いて、寝る直前まで模型を眺めながら手術のイメージトレーニングをしていた時期もあります。

ニューヨーク大学に留学し、世界的な先生のスキルや研究も学びました。

インプラントの手術もたくさんこなすことで、手術のスキルを高めてきました。

このように、たくさんの勉強とトレーニングをしてきたことで、歯科医として価値を高められたと思います。

その結果、国際シンポジウムで講演者に選ばれたり、国内外の大学でたくさんの役職を得てきました。

そのおかげで、北海道以外からもたくさんの患者さんが医院に来てくれます。海外から来てくれる方までいます。


自分の専門性に対してどれだけ情熱と時間とお金をかけられるかが、勝負の分かれ目です。

専門性は、どんなときでもあなたを助けてくれます。ぜひ、自分に投資してください。

50
99

とにかく一番になりたい

鈴木修

スズキ相談役・公益財団法人スズキ財団顧問

思考のスケールが、あなたの心のエネルギーを決める

鈴木修氏は、スズキの社長兼会長を経て、相談役・公益財団法人スズキ財団顧問となりました。

鈴木氏は、「小さな市場でもいいから、とにかく一番になりたい」と考え、インド、パキスタン、ハンガリーと多くの国に進出しました。

トップになるための目標を設定する。死にものぐるいでやる目標を設定することで、今までにない方法が思いついて突破することができます。

達成は難しくとも、必死になってやれる大きな目標を立てることが大事です。

誰にでも、「こうなりたい」という理想があるでしょう。

私がまずお伝えしたいのは、自分の理想の姿は思いっきり大きな姿にしてほしいということです。今の自分では手が届かない理想の姿です。

現在の延長線上にある目標は、今の自分の能力、お金、環境をもとに設定されてしまいます。つまり、本当の理想ではない可能性が高いのです。

すべての制約を取り除いて考えた姿こそ、理想の姿です。

思考のスケールが、あなたの価値を決めると言っても過言ではありません。

誰もが、自分の目標を小さくしてしまいます。実現したい姿ではなく、実現可能な姿を目標にします。

どうせ時間をかけて頑張るのなら、本当の欲求を満たしてください。まずは、それが達成できるかどうかなど考えなくていいのです。

「これくらいでいいかな」という程度の目標では、途中で前進するエネルギーが枯渇します。

内側からエネルギーを生むには、強い欲求が必要です。

成功する企業は、「自分たちが達成したい目標はなんなのか？」と考え、それを実現するための売り上げをつくる計画を立てます。

過去からの視点で目標をつくるのではなく、未来の達成したい姿を基に計画を立てると、達成できてしまうのです。

人は想像以上の自分になることはできません。潜在意識は新しいものを得るときにこそ、エネルギーを生み出してくれます。潜在意識は、今までの延長線上の理想は、今の力で手に入れられることだと認識して、エネルギーを生み出してくれません。

「今よりも、もっと大きなエネルギーを生み出さなければならない」と潜在意識に伝える必要があります。

「理想を実現するために、私はまだ何も成し遂げていない」と考えてみてください。

そのメッセージで、潜在意識は働き始めます。

51
99

「正しい」と思われるシナリオを、「愚直」にやり通すことである

三枝匡《さえぐさただし》

ミスミグループ名誉会長

根性を軽く扱ってはいけない理由

三枝匡氏は、ミスミグループの名誉会長です。

「愚直にやり通す」。正しいと信じて、必死にやることが大事だという意味の金言です。

目標に向けてもそうですが、人とのつき合いに関しても大事なことだと思います。

ある特定の人と、長く仕事を続けていくのはなかなか難しいものです。相手のことが好きで、損得勘定抜きでもいい、と思える相手でないと長く関係を続けるのは難しいからです。

「あの人とはつき合わないほうがいいよ」とアドバイスされることはよくあります。しかし私は、自分がこの人とつき合うと決めたら、それを正しいと信じて一生つき合うと決めています。

私を世に出してくれた人が会社を辞めるときもそうでした。私はその人とずっと仕事をしていこうと決めました。迷いませんでした。今までその会社とやっていた仕事はなくなるかもしれませんでしたが、特に気にしませんでした。

「この人！」と思ったら、その人を大切にするようにしています。その人が将来どうなるか、ということはあまり気にしていません。

一度、同志になったら手を離さない、と決めています。

人を大切にする気持ちは大事にするべきです。長くつき合って仕事をするほうが、大きな成果も得られます。

また、私は一般的にはピンチと呼ばれるような体験が多かったこともあり、そこで根性がついたような気がします。根性を持つことも愚直にやり通す秘訣です。あきらめてはいけない。しつこく頑張るしかない。手段を問わない。労力を問わない。物事を大変と認識しない。全部やれることはやる。目標を達成するために必要なものの一つは根性だと思います。あきらめない、折れない。誰にも負けない気持ち。

オリンピック選手も、「地獄の苦しみからはい上がった」「どん底の苦しさから立ち上がってきました」とよくインタビューで話しています。パリオリンピックのスケートボードで優勝した堀米雄斗《ほりごめゆうと》選手は、オリンピック選手に選ばれるかのギリギリのラインにいましたし、出場したら出場したでなかなかうまくいきませんでした。しかし、最終的には金メダリストになりました。

何かをやり遂げるには、根性も重要だということです。

今の時代、根性を強要するのはいけませんが、現実問題として私たちは社会人になったら常に戦いから逃げられません。

根性もないがしろにせず、育ててください。

52
99

将来への志は常に高く持ちなさい

魚谷《うおたに》雅彦
資生堂会長CEO

自分のプロフィールをつくると、モチベーションが上がる

魚谷雅彦氏は、資生堂会長CEOです。元日本コカ・コーラ会長で、缶コーヒーのジョージアの立て直しになどに尽力しました。

魚谷氏はあるメーカーの営業スタッフとして、やりたくないことばかりさせられて、理想と現実のギャップに悩んでいた時期があります。

しかし、くさっていてもしかたがないので心を入れ替えました。志は高く、でも、

一足とびには進めないから、仕事をしっかりこなし実績を出すのが大事だ、と。

つまらないことにも全力で向き合い始めると成績が上がり、念願の留学生制度にも選ばれました。ここで、高い志を持つことの大切さに気づきました。

志を高くする、その志を保つ。そのために、私はプロフィールをつくることをおすすめします。

現在の自分のプロフィールを文章にしてみてください。頭の中で考えないで文字化してください。文字化すると、現実と向き合えますし、自分を俯瞰《ふかん》して見ることができます。

　私は著者なので本にプロフィールを載せます。そのため、自分を分析して文章にしていくのですが、これが志を高くし、保つことに役立っていると思います。

単純に、「自分はまだまだだな」と思えて、61歳になった自分にもまだやっていないことがあるんだな、まだやれることがあるな、とうれしくなります。

　次に、**未来の自分のプロフィールを作成してみてください。**自分の理想のプロフィールをつくってみるのです。そうすると、これをやらなきゃ、これを捨てなきゃ、ということが明確になってきます。

　たとえば、本の著者であなたが目指したい人を見つけて、そのプロフィールを調べてみてください。あなたのお手本となる人は、あなたが成し遂げたいことをクリアしている人です。

自分のプロフィールと著者のプロフィールを見比べると、自分が今後何を得ていけばいいのか、が見えてきます。

たとえば、営業コンサルタントの著者が、3年目にトップセールスとなり、会社員5年目に独立していたとします。

そうすると、会社員として3年以内に目に見える結果を得るべきだ。会社は5年くらいでやめて独立できるように仕事を頑張ろう、と考えられます。

さらに、その人はどうやってトップをとったのか、独立するために何をやったのか、を調べていきます。

参考にする著者は、自分と同じような職種の人で、目指す目標をすでにかなえている人にしてください。

理想のプロフィールづくりを一度しっかり行なうと、志を高く、達成までモチベーションを保てるので実践してみてください。

53
99

備えよ常に

水野正人《まさと》
ミズノ元社長

自分に問いを与えて、人生の危機を避ける

水野正人氏はスポーツメーカーミズノの経営者を務めました。水野氏が入っていたボーイスカウトの活動のモットーが「備えよ常に」でした。この言葉を心に刻み、実践し続けてきたそうです。

備えておく。当たり前のことですが、これは目標を達成するためにも、リスクを回

避するためにも大切なことです。

私が出版する書籍のすべてのタイトルには、自分に対してのメッセージを込めています。

これは、自分への質問だともとらえられます。

『リセット』という本を出したときには、「自分は過去にひっぱられていないか？」「自分は思い込みをリセットできているか？」と自問自答しました。

『賢者のかけ算』を出したときには、「掛け算で生きてるかな？　足し算になっていないかな？」と考えました。

『神視点』を出したときには、「自分は高い視点を持てているかな？」と自分の現状を確認しました。

本のタイトルが、より良い人生を生きるための上質な質問になっています。

今の自分の人生に価値はあるか？

この人を一生大事にしたいと思って、つき合っているだろうか？

なんでもいいので、自分に対して問いを持つことをおすすめします。

認知科学者のダニエル・ウィリンガム氏は、**「人は答えを出すことに熱心で、質問**

に十分な時間を使っていない」と述べています。

自分の今に疑問を持ち、不足を探り、より良くする。自分に質問することによって、物事を深く考えることになるので、安易な行動もなくなります。

リーダーシップ・コーチのナイジェル・カンバーランド氏は著書『成功者がしている100の習慣』（ダイヤモンド社）のなかで、夢実現のために「やりたいことリスト」を作成することをすすめています。

そのために、次のような質問を自分にしてみようと言います。

・幼い頃に好きだったことや、将来なりたかった職業は？
・お金のことを第一に考えなくてもいいとしたら、どんな生活や仕事がしたい？
・現在、時間があったらもっとしたいと思っている楽しいことは？
・身近な人の暮らしぶりを見て、羨ましいと感じるのはどんなところ？

これらの質問から、やりたいことリストを作成し、その実行法、解決法を考えていくのです。

自分に対する問いを持つことで、人生はより良いものとなっていきます。

54
99

すぐやる、必ずやる、出来るまでやる

永守重信《ながもりしげのぶ》 ニデック創業者

細か過ぎるくらい分けて、堅忍不抜の精神で進む

永守重信氏は日本電産（現・ニデック）創業者です。永守氏は次のように語っています。信じる通りになるのが人生。「こうなりたい」と思っていることもなかなかなわないのに、思ってもいないことが実現するわけがない。

物事を実現できるかどうかは、それをやろうとする人ができると信じることから始まる。できると信じたときに、その仕事の半分は完了している。

だからこそ、「すぐやる、必ずやる、できるまでやる」ことが大事だと説いたのでしょう。

この言葉を知って、若い頃、オペの縫合の練習をしていたことを思い出しました。縫合の方法がわからなかったらすぐに本を読む。

本を読んだらその内容を教えてくれるセミナーに参加して、実習する。

そして、自分の歯科医院に戻ったら、トレーニングする。

歯科医師としてのスキルを高めたくて、すぐに調べて、できるようになるまでトレーニングしていたな、と懐かしく思いました。

すぐやる秘訣は、とにかくやることを小さくすることです。行動のハードルを下げましょう。

フランスの哲学者デカルトは「困難の分割」ということを言っています。『方法序説』にはこのように書かれています。

「できるかぎり多く、そして、最もうまく解くために小さなパーツに分割すること」

また、サミュエル・スマイルズの世界的名著『自助論』（竹田均 訳／三笠書房）には、

「堅忍不抜の精神は、何物にも代えがたい貴重な資源である」と書かれています。

ジョージ・スチーブンソンは、蒸気機関車製造の第一人者になるまで15年かかったのだそうです。ジェームス・ワットが、蒸気機関の研究を完成させる間には30年がかかっています。

何かを成すには、早く取りかかる、継続して努力する、という2つのことがかかせないのです。

第5章

どんな逆境も乗り越えられる

迷わない、動じない自分をつくる言葉

55

99

まあ、そういわずにやってみなはれ

鳥井信治郎《しんじろう》

サントリー創業者

報われない努力はめったにない

ご存じの方も多いと思いますが、鳥井信治郎氏はサントリーの創業者です。日本人向きのブドウ酒赤玉ポートワインを製造、発売して急成長しました。その後、日本初の国産ウイスキーサントリー白札を発売しました。

鳥井氏の口癖は「やってみなはれ」「やれるだけのことはやりなはれ」です。赤玉ポートワイン、サントリーウイスキーでヒット作を世に出した鳥井のチャレンジ精神をよく表した言葉です。

私も通常の仕事をこなしながら、時には新しいことにチャレンジしています。歯科医院で患者さんが義歯をつくるときには、４回ほど診察をします。そうすると、だいたい完成までに１カ月ほどかかってしまいます。

しかし、この１カ月という期間、患者さんは強いストレスをかかえます。ちょっとした治療で１週間ほど義歯を待つだけでも、ストレスを感じるものです。それを考えるとストレスの強さがわかるでしょう。

そこで、私は歯科技工士さんとタッグを組んで、２日間で義歯をつくるチャレンジをすることにしました。スーパーデンチャーという名の手法です。

１カ月で完成させる義歯を２日で完成させるのは難しいと誰もが思います。しかし、チャレンジしてみると、意外とすんなりできてしまうものです。

診察のときに歯科技工士さんにも来てもらって、患者さんのリクエストを聞きながら、作成に取り組みます。

義歯がどういうふうにつくられていくのか、その過程も見せられるので、丁寧に取り組んでいることも伝えられます。患者さんの満足度も高まります。

実際に義歯を入れるときにも歯科技工士さんが来てくれます。患者さんはスピーディーで繊細な対応にとても喜んでくれます。

やる前にムリと決めるのではなく、やってみることです。ムリなことをやってのけるから、人に喜んでもらえます。

新しいことにチャレンジするときは、何がどうなるかわかりません。しかし、諦めずに試行錯誤ですることで、新しい価値を生むことができます。

やらずに頭で考えているだけではダメです。やってみて、うまくいかないときは、改善して、完成に向かっていくしかありません。

楽な道を選んで、行き詰まったらどうしますか。八方ふさがりです。厳しい道を選んで、改善を前提として進んでいくほうがかえって楽です。

新しいチャレンジの途中の困難な局面では、神が自分を試していると思いましょう。「お前やるのか？」と、本気度を確かめられているのです。

諦めない限りなんとかなります。私は、努力でなんとかならなかったことがほぼありません。報われない努力は、めったにないのです。

56
99

命令に従っているように見せて、自分たちがやりたいことをやればいいんだ

盛田昭夫《もりたあきお》
ソニー共同創業者

話を聞いているとみせかけて、自分勝手にやってみる

盛田昭夫氏は、井深大《いぶかまさる》氏とともに東京通信工業（現・ソニー）を設立しました。社長、会長、ファウンダー・名誉会長を歴任しました。

トランジスタラジオ、トランジスタテレビ、ウォークマンなどの商品を世に出した

人物です。

革新的な商品を開発、販売して成功するためには他人と同じ考え、同じ行動をせず、自分の特徴、強みを活かすことの大切さを説いています。

当然ですが、人と同じことをやっていては、人と違うことを成し遂げるのは難しいでしょう。

私はなるべく、人が集まる場には行かないようにしています。グループや組織にもなるべく所属しないようにしています。

これは、人と同じ考え方、行動をしないためです。

集団の中に入って、人と話して、情報を自分の中に入れ過ぎると、みなと同じような感覚を持つことになり、普通の人になっていくのです。

私が他の人と同じようなことを話したら、出版社の人はどう思うでしょうか。私に興味など持ってくれないでしょう。独自の考え方があるから、本を出させてくれるのです。

仕事で成功をつかもうとするのなら、人と違った考え方、行動をするしかありません。当たり前のことなのに、みなやることができません。

それは、不安があるからです。多くの人が集団の中にいなければ不安を感じますが、これは現代人には必要のない不安のように私は思います。

学校も会社もクラブも、すべて集団です。集団にいないと、生きられないように思わされているのです。

あなたはアンコンシャスバイアスをご存じでしょうか。

これは、簡単に言うと、偏ったものの見方をしてしまうことです。無意識の偏見や思い込みに、人は強く影響されてしまいます。

アンコンシャスバイアスのタイプの中に、集団同調性バイアスがあります。私たちは集団の中にいると、無意識に他人と同じ行動をとってしまうのです。

学校などでは、みんなと同じように考え、同じように行動しなければ認めてもらえません。その結果どうなるかと言えば、みんな普通の人間になっていきます。

独自性、個性を伸ばした人が、ビジネスの世界では成功していきます。

時には、目的を持って、あえて逆張りしてみるのもいいでしょう。

時には、同調圧力を感じても、やりたいようにやってみてはいかがでしょうか。

57

99

其の世の中の多くの人の為に、又お国の為にと言う考えで一生懸命に働いてゆけば、食う物も着る物も自然と随《つ》いて来る

豊田佐吉

トヨタグループ始祖

専門性があれば、たいていのことには動じなくなる

豊田佐吉氏はトヨタグループの始祖で、この世を去るまで熱心に研究を行ない、多数の特許を取得しました。

一つのことを集中してやる、極めることで、自分のステージが変わります。医療の分野も、細分化され、専門化しています。それだけ細分化して、ある分野に特化した専門性がないと、人を救えないということでしょう。

いろんなことを広く浅く身につけていても人は助けられません。やはり、専門性の高い人材が必要なのです。

人間に与えられた時間は有限です。当然ですが、何かをしたら、そのほかのことはできません。

たくさんのことをいろいろやるよりは、一つのことに集中してやっているほうが能力は高くなります。

何かを極めるために、一つのことをやり続ける。そして、見つかった課題を一つひとつ改善していく。そうして専門性は高まっていきます。

極めれば極めるほど、「こういうところが足りない」と見えてきて、だんだん謙虚にもなっていき、学習意欲が高まり、ますます専門性が極められていきます。

海外の歯科医師は、専門医性が高いです。歯周病治療の専門医、歯の根の治療の専門医など、専門の治療をする傾向にあります。

専門医はそれだけ知識もスキルも高いので、難しい治療でも上手にやり抜きます。

一つのことを極めている人にはかないません。

私は著者で、講演家で、コーチでもあります。ほかにも多岐な仕事をしています。しかし、本業は歯科医師です。これを絶対に忘れてはいけないと思っています。たとえどんなに著者として活躍したとしても、講演が成功したとしても、コーチングが人気になったとしても、本業の歯科医師をやめません。臨床をやめません。36年歯科医師をやっているのです。私に最も専門性があるのは、歯科医師としての能力なのです。

歯科医師としての専門性を高めるために、膨大な時間と莫大なお金をかけてきました。

だからこそ、他の歯科医院ではできないようなことができています。

専門性を持つ大切さはわかってもらえたと思います。「でも、何を極めたらいいのかわからない」という人もいるでしょう。

そんな人は、自分と向き合って、何に興味を持っているかをしっかり考えてみてください。

「これが好き」「これは成し遂げたい」「これなら一生懸命できる」ということを見つけてやってみると、専門性の高い人材になれるでしょう。

58
99

分相応でいればいいんだと考えていると、向上心を萎縮《いしゅく》させる可能性もある

丹羽宇一郎《にわういちろう》
伊藤忠商事名誉理事

悩みがあるから成長できる

丹羽宇一郎氏は、伊藤忠商事名誉理事です。

丹羽氏は、「悩みというのは、ある面、自分に合わないサイズの服を着ようとして四苦八苦する状態といえます」と、著書『人間の器』（幻冬舎）の中で語っています。

欲求や夢がかなわず悩むのが人間です。そのため、人は、悩みを抱えないように生きようとしてしまいます。

分相応でいこうと考えてしまうのです。しかし、分相応を意識しすぎると、向上心がなくなってしまいます。

ある意味、**悩みがあるから向上心が生まれます**。仕事で悩みがあるということは、自分を成長させる機会が与えられたということです。頑張る原動力が与えられたのです。

悩みがないというのは、仕事をしていない証拠です。仕事を頑張れば頑張るほど課題が見えてくるので、悩みも出てきます。

「自分にとっての理想は何か」と考えながら仕事をしたり、優れた人や一流の人の働きぶりを見ると、課題が見えてきます。

あるとき、アトランタのクリニックで開催された勉強会に参加しました。世界トップレベルの先生が主催した勉強会で、一流の歯科医師が集まりました。

私はその勉強会に参加するまで、自分はよくやっているほうだと思っていました。

しかし、トップレベルの先生たちの臨床を見ることで、いかに自分ができていないか、に気づきました。あのときの屈辱感は忘れられません。世界トップレベルの歯科医師になるには、まだ足りない部分がたくさんあったのです。

自分だけで仕事をしていたり、いつも同じ環境、コミュニティ内で仕事をしていると、自分はできる人間だと勘違いしてしまいます。トップのレベルの人々と接して、比べて、自分を評価しなければ、成長は止まります。

人は、理想と現実のギャップを見つけたときに、頑張れるのです。このギャップこそが悩みであり、悩みがあるから成長できるのです。

目指す世界が高くなればなるほど、より頑張れます。

悩みがあると、その解決のために人は何かしらの行動をとります。ストレスをずっと抱え続けることはできないので解決しようとするのです。

「自分は何を成し遂げたいのか」という目的があれば、悩みを抱くことはポジティブな効果を生みます。

ただ、目的がなく、漠然と悩んでいると、解決の必要性を感じられずにだらだら日々を過ごしてしまうこともあります。悩むのなら、一流になりたい、本気で人の役に立ちたい、自分の価値を示したい、というような目的を持ちましょう。

59
99

新しい考え、新しい方法の採用を怠るな

鹿島守之助《もりのすけ》
鹿島建設元社長

行く川の流れは絶えずして——変わることで安定する

鹿島守之助氏は、外務省に勤務した後、鹿島組（現・鹿島建設）に入社し、社長となりました。「時代によって変わっていくことが、一番の安定」だと、鹿島氏は考えていました。

本質を変えることなく、時代の変化に柔軟に対応していくことはとても大事です。

私は、経済、金融、テクノロジー関連の状況を知るために定期的にレポートをとっ

ています。それを見ながら、先を予想して、どう対応するかを決めておきます。

はっきり言って、レポート通りの未来になることはありえませんが、準備しておくことが大事だと考えています。

時代への対応もそうですが、コミュニケーションでも、自分のことばかり伝えてもうまくいきません。相手の考え方に、柔軟に共感していくことが大事です。

相手を受け入れなくてもいいですが、受け止めることはするべきです。そうすることで、人間関係はうまくいきます。時代への対応も人間関係の対応も同じなのです。

鴨長明《かものちょうめい》の『方丈記《ほうじょうき》』の一節をあなたもご存じでしょう。

行く河の流れは絶えずして、しかも、もとの水にあらず。
淀みに浮かぶうたかたは、かつ消え、かつ結びて、久しくとどまりたる例《ためし》なし。
世の中にある、人と栖《すみか》と、またかくのごとし。

現代訳は次のようなものです。

流れていく川の流れは絶えることがなく、それでいて、その水はもとの水ではない。
流れの淀んでいるところに浮かんでいる水の泡は、消えると他方でできて、いつまでもそのままの状態で存在していることはない。

今は、VUCAの時代だと言われています。

VUCAは、「Volatility（変動性）」「Uncertainty（不確実性）」「Complexity（複雑性）」「Ambiguity（曖昧性）」の頭文字を合わせたものです。

つまり、「予測が難しく、変化が激しい社会、経済情勢」だということです。

だからこそ、本質を見失わず、軸を持ち、常に問題意識を持って準備しておくことが大事です。**いろんなパターンの未来を予想し、対処の方法を考えておきましょう。**

それこそが、時代の変化に対応し、柔軟に生き抜く秘訣です。

未来のシミュレーションをするのはとても楽しいものです。私は休日に時間を取り、未来をイメージしています。

未来予想はなかなか的中しないものですが、いろんなパターンを予想しておくことで、いざというときに焦らず、柔軟に対応できるものです。

60

99

「常在戦場」の心構えがあれば、真に長期的な展望がひらけて、最悪のときに備えることが出来るようになるはずだと思うのです

金川千尋《かながわちひろ》

信越化学工業元社長

常在戦場の人は不安ナシ！

金川千尋氏は、信越化学工業の社長・会長を務めました。信越化学工業は不況下でも、連続で最高益を更新し注目されました。

常在戦場とは、常に戦場にいるつもりで物事に臨むということです。常在戦場の心構えでいると、「何が必要か」と常に考えるので、最悪のときにも対応できる力がつきます。

経営で考えると、私は状況がいいときほど分析をするようにしています。私たちの実力で経営状況が良くなっているのか。それとも、社会全体の調子が良くて私たちも調子がいいのか。

もし、社会全体の調子がいいおかげで経営状況がいいことということに気づけず、設備投資をしたり、人員を増やすと、すぐに経営が行き詰まります。

不況のときは、スタッフみんなで経営を支える方法を考えますから、チャンスに転じることがあります。崖っぷちにいると頑張ることもできます。

不況のときこそ、サービスや商品の価値を問われますので、より丁寧に、より良いものにしようとするからです。成長の可能性があるのです。

いいときは何もしなくてもうまくいきます。良くないときは、思考も行動も創造的に、洗練させなければなりません。

不況のときには「良くなるために必要なこと」、または、「今足りないところ」が見えてくるので、ある意味、「やるべきこと」も「やらなくていいこと」も明確にわかります。

そう考えると、不況のときのほうが経営はやりやすいのかもしれません。

個人レベルの話でも同様です。

状況が悪いときこそ、成長するチャンスです。ここを乗り切るにはどうすればいいか。

次に困難な状況がきてもあたふたしないために、今からどんなことを仕込んでおけばいいのか。

良くないときは、仕事や人生についてしっかり考える時間を与えられたと思いましょう。

61

99

読者の心の奥底の飢えとか、ニーズを見つけ、そこに穴を開けるのが編集者の仕事です

甘糟章《あまかすあきら》

マガジンハウス元副社長

ニーズを見つけるトレーニングとは?

甘糟章氏は、『anan』『クロワッサン』の初代編集長で、マガジンハウス副社長を務めました。

「ニーズとは読者の飢え、男性の飢え、女性の飢え、現代の飢え」だと考え、その飢えを満たすコンテンツづくりに尽力しました。

私も本を出版します。また、コーチング、セミナー、講演会を行なったりします。本業は歯科医師ですが、コンテンツ関係のお仕事もたくさんしています。

コンテンツ事業を成功させるためには、やはり「お客さまが何を欲しているのか」を考え抜くことです。

経営学の世界的権威ピーター・ドラッカーも、「顧客の価値は何か？」ということをとても重要視しています。

顧客が何を欲《ほっ》しているのか、それを明確にし、満たすことでビジネスは成り立つのです。

私が本を出すときも、読者のみなさんは、お金を欲しているのか、より良い人間関係を欲しているのか、自由な時間を欲しているのか、効率的な勉強法を欲しているのか、といろいろ考えます。

欲しくないものを提供しても、誰も喜んでくれません。

たいていの人が、自分の成績を高めたり収入を大きくすることに意識がいき過ぎて、お客さんのニーズを忘れてしまっているように感じます。そして、お客さんのニーズを無視しているにもかかわらず、商品は売ろうとするのです。

行きづまったときほど、お客さんのことを考えることです。

自分にとっての価値を押しつけようとして、お客さんにとっての価値をないがしろにしていないでしょうか。

自分側に立ってものを考えるか、お客さん側に立ってものを考えるかで、大きく差が出ます。これを理解している人はやはり商売がうまく、成功しています。

人のニーズを読み取れないのは、自分の心地良い環境でしか生きていないからです。自分以外の人のことを考える時間が圧倒的に少ないのです。

時には、あえて不快な領域に身を置いて、コミュニケーションしてみることをおすすめします。

私の仲間には、仕事ができて、成功していて、やさしいけど、とてもプライドが高く、気難しい人がいます。その人に不快感を与えず、喜んでもらえるようにコミュニケーションをとるのはとても難しいですが、このコミュニケーションが相手のニーズを探る力を格段に上げていると実感しています。

62
99

小規模な企業が生き残るには、局地戦に勝て

永谷《ながたに》嘉男《よしお》
永谷園創業者

うまくいく人の「小さな自分」という戦略

永谷嘉男氏は、永谷園創業者です。ニッチでトップをとることで、小は大に勝つことができる、という信念を持っていました。

私は、才能や能力、権力、お金、経験がないことは、弱点にはならないと思っています。

むしろ、何も持っていないほうが、人生を攻略するには都合がいいこともあります。

まだ何も成し遂げていない自分、まだ何者でもない自分――。

こういう「小さな自分」をポジティブに使いこなすと、人生はいい方向へ向かいます。自分を小さく見積もることには、大きなメリットがあるのです。

「まだできていないことがあると認識すると、やれることが明確になる」
「まだ何も手にしていないと、まっさらな状態で未来を考えられる」
「できないことばかりだと考えると、小さなことでもやれたらＯＫと思える」
「まだ成果を得ていない人は、少しでも頑張ると成果を得られる」
「知識やスキルがなければ、少し学ぶだけで、成長を実感できる」

これは何を言っているのかといえば、自分を全肯定できるということです。

小さな自分という戦略を持てれば、自己肯定感が高まり、ポジティブでいられて、自ら前進のエネルギーを生み出すことができます。

潜在意識は、少しでもポジティブに考えられれば、プラスの現実を形づくるように働いてくれます。

そう考えると、自分を小さく見積もったほうがいろいろとうまくいくのです。


私にボクシングを指導してくれている元格闘家の方からお聞きしたのですが、若い頃から才能があった人、強いと思われていた人ほど、格闘技の世界で生き残るのは難しいのだそうです。

その話を聞いたとき、「自分は人に比べてできる」と思ってしまうと、挫折しやすくなるのではないかと私は思いました。

才能や能力がある人ほど、他人が認めるほどの評価を得なければ、自分の存在価値を感じられないのです。他人からほめられなくては喜べないのならば、心は常に不安定です。

小さなことをコツコツやって、ちょっとしたことで成長を感じられる人のほうが、長い目で見ればうまくいきます。

63

99

「執念を持って仕事に取り組み、成果を出すまで諦めない」習慣を身に付けさえすれば、誰もが一流になれます

高原豪久《たかひさ》

ユニ・チャーム社長執行役員

王貞治氏が「自分のため」だと即答した理由

高原豪久氏は、ユニ・チャーム社長執行役員です。次章で登場する高原慶一朗氏の長男に当たります。

高原氏は、著書『ユニ・チャーム　共振の経営』（日経ＢＰ）の中で、「そもそも私の人間観は、『人間の能力に差はなく、誰もが光り輝く可能性を秘めている』というものの」だと述べています。

誰もが強烈な思いと達成への執念を持つと結果を出せます。

ただの願望では望みはかないません。願望だけでは、なかなか目に見える結果は得られないでしょう。ちょっと他人事な感じがしますし、うまくいけばいいなという軽い思いのように感じられます。

〝強烈な〟願望であることが重要です。

強烈な願望とは、いつもその結果が欲しいと意識し、追い求めることです。強烈な願望は、信念に支えられるからかないやすいのです。

強烈な願望を持つと、「やるしかない」という覚悟が芽生えます。

インタビューで、イチロー氏が、王貞治氏にこう尋ねました。

「現役時代は自分のためにプレーしていましたか？　チームのためにプレーしていましたか？」

すると、王貞治氏は「自分のためだ」と即答しました。

自分のためにやるから、チームのためになる。チームのためという人は、結果が出ないときに言い訳をする。

自分のためにやれる人こそが自分に厳しくできる人。「〇〇のために」と言う人は、うまくいかないときの逃げ道をつくっている。

このようなことを語りました。

うまくいかないことを、環境や他人のせいにする人はうまくいきません。すべて自分に責任があるととらえたときに、結果は自分が頑張れば出せると信じられるようになります。

だから、自分のためにやる人は成功します。すべては、自分のせいだと考えるべきです。

自分に責任があると考えると、達成のための改善点はたくさん見つかります。

何事も、やるのなら、自分のためにやる。

結果が出なくても他人のせいにしないこと。

すべては自分次第だから、強烈な願望を持って進む。こう考えると「自分でなんとかする！」というポジティブな精神も生まれてきます。

64

99

自分でつくった松明《たいまつ》を自分の手で掲げて、前の人たちには関係なく好きな道を歩んで行く

藤沢武夫

本田技研工業元副社長

プロフィールを掛け合わせ、戦わずに勝つ

藤沢武夫氏は、本田技研工業の副社長を経て最高顧問となりました。販売・経理部門を担当し、本田宗一郎氏と「世界のホンダ」のポジション獲得に尽力しました。

「他人のふんどしで相撲をとるな」、藤沢氏はよくこう言っていたのだそうです。

私にも若い頃、他人に頼って、自分に覚悟が足りていなかったな、と思うことがあります。他人のふんどしで相撲をとっていました。

インプラントをやり始めたときのことです。それまでに、国内外で世界レベルの知識と技術を学んできてはいましたが、そうはいっても心配な部分がありました。はじめのうちは、外部から先生呼んできて、サポートしてもらいながら手術をしていたのです。

そんな日々を過ごしていたときに、ふと、**「自分には覚悟が足りていないな」**と思いました。

誰かにサポートしてもらったとしても、うまくいかなかったときの責任は私が負います。

もしものことが起こったときに、「サポートしてくれる人がいたのに失敗したんだからしかたがないよね」と言い訳などできません。

それに気づいてからは、手術はすべて自分の責任で行なおうと決めました。

何かあったとしても、リカバリーできるだけのトレーニングは重ねてきた、と自分を鼓舞しました。

外部の先生にサポートをお願いして、責任を分散させようと考えている時点で、手術が自分事ではなくなっています。他人任せで成果は出ません。

また、人の土俵では戦わない、と肝に銘じてください。私はそのために、歯科医師と著者という二足の草鞋《わらじ》を履いているとも言えます。

歯科医師の世界では、著者としてふるまう。

著者の世界では、歯科医師としてふるまう。

著者と歯科医師を掛け合わせることで、誰にも負けないプロフィールができます。

もちろん、各々の分野で実績を出すことも忘れてはいけません。

著者として累計１００万部を突破させるために頑張りましたし、歯科医師として国内外で８つの大学で役職を歴任してきています。

強いプロフィールを掛け合わせることで、他人の土俵で戦うことはなくなりました。

あなたも２つの分野を極め、誰にも負けないプロフィールをつくってみてはいかがでしょうか。他人と戦うことなく勝つことができます。

65

99

困ったときは、寝ても覚めても一生懸命考えな

太田敏郎《としろう》

ノーリツ創業者

「考え続けると思いつく」という人間の習性

太田敏郎氏はノーリツ創業者です。考え抜くことで、思いもよらない発想が生まれ、新たな展開が生まれることを語っています。

太田氏は商品をおさめたあとに、代金を集めるのに苦労していました。以前一度倒

産しているので、代金の回収の大切さを身に沁みて感じていたのでしょう。

代金回収の方法を考えていたところ、為替手形を知ることになり、代金回収がスムーズにできるようになったのだそうです。


困難に直面したときに、逃げずに向き合えるかどうかで、その先の未来に大きな差が生まれます。

現実逃避することなく、考え抜くことが大事です。**考え続けた先に、ひらめきが生まれます。**

長く考えると、思考が潜在意識の中にため込まれます。一定数以上の情報がたまると、あふれ出し、ひらめきとして降りてきます。これは、考える時間を経ないと現れない現象です。

先にも少しお話ししましたが、私は大学院時代に正解のない研究をしていました。正直どうなるかわからない研究です。

いつも、問題を解決する方法はないかと考えていましたし、何かひらめいたときに忘れるといけないので寝るときには枕元にメモ帳を置いていていいるほどでした。

結局、たくさん考えたことによって、ひらめきも生まれましたし、目標通りの期間で研究を完了させることもできました。

さらに言えば、人間関係も同じだと思います。自分にとって大切な人のことを、会ったときにだけ考えるのは当たり前です。会っていないときにどれだけ相手のことを考えられるか、が重要です。これは、パートナーなど以外に、お客さんでもそうだと思います。

相手のことをいかに考え続けるかで、無意識の中にその情報が蓄積されていきます。相手の情報、過去の出来事、相手は何をしてほしいのか、いろんなものが詰め込まれていきます。

思考量が増えると、無意識の中には相手を喜ばせる選択肢がたくさん蓄積されます。そして、「なぜ、そこに気づけたの」「なぜ、そう思えたの」というような、相手の喜ぶ選択ができて感動を与えられます。

考え続けることで、その先に、ひらめきや最良の選択肢が現れます。これは、限界まで考えるという過程がなければ難しいのです。

66
99

「どうせ無理」と言って、自分は何もしない

植松努

植松電機代表取締役

難しい道に正解があることが多い

植松努氏は植松電機代表取締役です。植松氏は著書『「どうせ無理」と思っている君へ』（ＰＨＰ研究所）の中で、「『どうせ無理』の呪文《じゅもん》をはねかえしたから、僕は自信を奪われなかった。夢を壊されなかった。最終的に、宇宙ロケットを作ることができました」と述べています。

人は易きに流れます。楽をするために、人は驚くほどクリエイティブに頑張らない

言い訳を考えつきます。

私の医院のスタッフは、「土日休みで祝日も休みで、ＰＲもあれだけ費用を使っているのに、良い経営状態を保つのは大変でしょう」と言われるそうです。

経営が成り立っているのは、私やスタッフが患者さんにいのうえ歯科医院にしかできない医療を提供しているからです。

この形態を確立するまでには、人一倍の知識の蓄積が必要でしたし、スキルも必要でした。

スキルを極めるのはもちろんですが、海外留学をして認められたり、国際学会で発表をしたり、国内外の大学で役職を得たり、業界の人々に認められるように頑張ってきました。

歯科医師としてのあらゆる意味でのレベルアップには、時間も労力も人一倍かけている自信があります。その結果、いのうえ歯科医院の経営は成り立っているのです。

私の医院で行なうのは、保険診療もありますが、自費診療がメインで多いです。そのため、医院の経営には、なんの保証もなく、先はどうなるかわかりません。

スタッフのため、自分のため、毎月の売り上げを上げるために、30年間考え続けて必死にやってきました。

売り上げがあるからこそ、他の医院にはない自由があるのです。保険診療ではなく自費診療主体の歯科医師となったのは、やはり天から人と違うことをやりなさいというメッセージを与えられたのだと思います。得るものも大きいですが、試練を与えられました。

『うまくいっている人の考え方』（ディスカヴァー・トゥエンティワン）の中で、ジェリー・ミンチントンは、仕事で成功する秘訣のひとつをこう言っています。

「仕事に必要な技能のひとつに習熟し、それができたら、さらにむずかしい技能に挑戦する」

そうすると、仕事が楽しくなったり、より収入が上がる地位に昇進したり、独立して成功する可能性が高まるのだそうです。

自分の前に、簡単な道と難しい道が現れたら、迷わず難しい道を選んでください。難しい道を選んだほうが正解である可能性が高いのです。

67
99

知力を磨く

久保田隆
千代田化工建設元社長

情報を正しく見極める方法とは?

久保田隆氏は千代田化工建設社長を務めました。

情報を自分の人生の糧とするには、情報の価値を正しく判断できる知力（知識+胆力）を磨くことが大事だと語っています。

人は逆境のときには、何かにすがりたくなりますし、正しい判断ができなくなります。特に、苦しみの中では、自分にとって都合のいい情報にすがりたくなります。状況を打開したいのなら、情報を見極める力を持つことが大切です。

自分にとって都合のいい情報を信じたくなりますが、安易に信じない精神力も必要です。

自分の軸を持って情報を判断しないと、偽情報に振り回されてしまいます。苦しいときほど、胆力がないと正しい判断ができないということです。

では、正しい情報を入手し、冷静に判断していくにはどうすればいいのでしょうか。

情報は批判的に見ることが大事です。批判をすべて跳ね返せた情報は正しい可能性が高いと言えます。

私は情報を仕入れたら、**「情報源はどこなのか？」を調べる**ようにしています。情報源がわからない情報は、どんなにいい情報でも使えません。

次に、**「誰が発信しているのか」を確かめます。**なんの専門家なのかを確認し、その人の過去の情報発信も少し調べます。専門性がない人の情報は使えません。

情報発信を使って、何かに誘導することが多い人の情報も使わないほうがいいでしょう。

また、**情報が発生した時期も確認します**。新しい情報だと思っても、古い情報の見せ方を変えただけのときもあります。古い情報はなるべく使わないほうがいいでしょう。

感情が動くように操作された情報にも注意が必要です。数字も簡単に操作できるのでうのみにしないようにしましょう。

情報に対して冷静な判断を下していく胆力は、どうすれば鍛えられるのでしょうか。それは、自分の目的を常に意識することです。目的が定まっていなければ軸がなくなるので、あらゆる情報を無防備に受け入れてしまうことになります。

この情報は目的の達成に本当に使えるか、この視点を持ってください。

目的を意識した情報収集をすれば、感情的にならず、冷静に情報を見極めることができます。

68
99

願望することではなくて、決意することだ

和《わ》地《ち》孝
テルモ元会長兼ＣＥＯ

願うのではなく、決める

「トップの課題は願望することではなくて、決意することだ」、これはアメリカ元大統領のニクソンの言葉です。

指導者は決意したことを実行する。願望しているだけでは、何も実行しない追従者

になる。難問を解決することを決意し、実行することに意味がある。決意すると視野が広がる。一番難しいことは自分がやる。選択に迷ったら難しい道に行く。

和地孝氏は、ニクソンの言葉に影響を受け、こう考えていたようです。

「こうなったらいいな」という夢はかないません。ただの願望と、強烈な願望、この違いをみんなわかっていないように感じます。

「これを成し遂げる！」「これを成し遂げられればいいな」、この違いで、得られるものは大きく変わります。決意がないと何事もうまくいきません。

この気持ちの強さがあると、人もついてきてくれます。

そのためにも、「これだけやっているんだ」と、目に見える形で周りの人に成果や習慣を見せていきましょう。

私は決めたことは絶対にやるように心がけています。医院でも決めたことは徹底的に実行します。

やるべきことをやり抜いていると自信を持って言えます。

覚悟が決まっている人はあきらめません。うまくいかないとしても、そこから学び、次にはどうすればいいか考えるからです。

失敗はうまくいかない理由の一つを発見した程度に気楽に考えながら、次の改善点も見つけましょう。

私は、60代で人生の黄金期を迎えたいと本気で思っています。

1冊で１００万部の本を出すか、累計１００冊の本を出すことを目標としています。１００冊出したからすごいのではありません。１００冊の企画依頼をしてもらえることに価値があると考えています。

求められることは素晴らしい。より求められる人間になっていきたいと思います。

私が得たいのは、すべてを自由自在にできる影響力です。そうすると、大切な人を確実に助けられるからです。

想像できることを実現しても黄金期とは言えません。想像できない世界を実現したい、こう思っています。

強烈な願望を持ち、決意して、これから10年を真剣に過ごしていくつもりです。

69

99

新しいものを取り入れるためには、まず古いものを捨てなければならない

松井道夫

松井証券元社長

「減ると増える」の法則

松井道夫氏は、松井証券元社長です。松井氏は、捨てることの大切さを説いていいます。

今までの人生で、正しかった決断とは、マイナスの決断で、捨てる決断だった。逆

に、間違った決断は、足し算の決断で、プラスの決断だった。

捨てるものは、過去に積み立ててきたもの。積み立ててきたのは努力、苦労だから、捨てる痛みが計算できる。

捨てることで、未来が得られる。

坐忘《ざぼう》という言葉がある。新しいものを取り入れるには、古いものを捨てなければならないということ。古いものを捨てて場所を空けると、新しいものが入る。

このようなことを語っています。

腐った水が入っている花瓶にきれいな水を注いでも、きれいな水にはなりません。一度、腐った水をすべて捨ててから、きれいな水を注ぐべきです。必要のないものは捨てる。そして、新しいものを入れる。

ある二代目社長の方は、先代に信頼されていた番頭さんが、会社の成長のスピードを落としていると考えていました。とはいえ、父の代から頑張ってくれている人で恩があり、扱いに困っていました。

そのうち、番頭さんは、その方の意見に反対するようになりました。

これでは、会社は悪くなっていくばかりです。

自分が引き継いだのなら、新しくすべきところは一気に変えたほうがいいのです。その方は番頭さんに、重要ポストから外れてもらうことにしました。するど、世代交代が起こって、活発に新しい意見が出るようになり、会社がどんどん良くなっていったのだそうです。

私の初出版のときも、捨てるということをしました。自分の考えを捨てたのです。出版のプロである編集者の言うことをすべて聞き入れたのです。指示にすべて「YES」と答えて、実行しました。

半分聞いて、半分自己流でやる、というのでは結果が出ないと思ったのです。結果が出ている人の言うことを全部聞いて、自分を100％捨てました。そのおかげで、デビュー作が10万部を超えるヒットとなったのです。

何かを得るためには、何かを捨てる必要があります。

「選択とは、すなわちこれ取捨の義なり」

浄土宗の開祖、法然《ほうねん》の言葉です。

選ぶとは、他のものを捨てるということ。選択と取捨は同じである。こういう意味です。何かを得るには、何かを捨てることも大切なのです。

第6章

人を惹きつける

人間関係で悩まない言葉

70
―
99

だから、いっしょに頑張ろうやないか。ナンバーワンになろう

高原慶一朗

ユニ・チャーム創業者

金メダリストの空港での扱いとその他のアスリートの扱い

高原慶一朗氏は、ユニ・チャームの創業者です。

高原氏は、アメリカで生理用品が堂々と売られていることに衝撃を受け、帰国後に日本でも生理用品を扱うことに決めました。しかし、当時は生理用品を扱うことに対

し、少なくない数の社員が反発しました。

「古い社会通念、古い意識を変えるために、いっしょに頑張ろう」

こうみんなを励まし、ナンバーワンになるという方針を貫きました。高原氏は、在任42年間のうち、39年間が増収増益という驚くべき結果を残しました。こうしてユニ・チャームは、業界のトップ企業へと成長していったのです。

「どうせやるんだったら、1番を目指したほうがいい」と私は思っています。

2番でも素晴らしいですが、やはり1番を目指すときより高揚感もエネルギーも生まれないのではないでしょうか。

私はよく、講演に参加された方にこうお話しします。

パートナーがあなたの表彰式に来ました。自分が1位で表彰される姿、2位で表彰される姿、どちらに魅力を感じてもらえるでしょうか？

逆に、あなたが表彰式に行ったとき、パートナーが1位と2位のどちらで表彰される姿を見るほうがうれしいですか？

1位と2位では価値が大きく違うのです。1位と2位の価値はあまり差がないと思っている人が多いように感じますが、その大きな差を認識したほうがいいと思います。

以前、オリンピックのメダリストとお話ししたことがあります。

金メダルをとるかとらないかで、雲泥の差があるのだそうです。日本に帰ってきたときの空港から扱いは変わります。金メダリストが最優先、次にメダリスト、そしてメダルをとっていない人。

そもそも、オリンピックに出るか出ないかで大きな差があります。メダルをとるかどうかで大きな差があります。そして、金メダルと銀メダルには大きな差があります。そう考えていくと、オリンピックに出場しない人と金メダリストの差は非常に大きなものです。1位にはここまで大きな価値があるのです。

1位を目指すことで、一緒に働いてくれたり、応援してくれる人も集まってきます。みんなトップを目指す人の周りにいたいのです。

1位をとるという覚悟がある人はブレません。信念を曲げない人には、安心してついていけます。

1位を目指すといっても、はじめのうちは誰にも相手にされないかもしれません。しかし、少しでも結果が出始めると、一気に応援されるようになります。1位を目指し、言動一致の姿を見せていきましょう。

71
99

人にほめられては有頂天になり、人にくさされては憂鬱《ゆううつ》になるなんて、およそナンセンスなことだ

立石《たていし》一真《かずま》
オムロン創業者

ほめられようが、批判されようが、あなたの価値は変わらない

立石一真氏は、オムロン創業者です。
苦境のときでも自分のアイデアを信じて、試行錯誤しながら市場のニーズを切り開

いていきました。

立石氏は、人にほめられようが、くさされようが、自分の絶対的な価値は変わらないと考えていました。


本を出すと、Amazonにネガティブな評価が入ってきます。発売後は、読む人が増えていくので批判が出て当然です。売れれば売れるほど批判の数は多くなります。

私はこの批判に対して、今ではもう何も感じなくなりました。批判はされているけど、本は買ってくれたんだな、とありがたく感じますし、「こう読み取られてしまうのか、次からは違った表現をしよう」と本づくりの参考にさせてもらっています。

自分がどんなに価値がある内容だと思って執筆しても、理解してくれない人にとっては無価値です。

相手の心に響かないからといって、自分のノウハウに価値がないわけではありません。実際に、高評価してくれる方が大半です。自分の価値を信じて、本を書き続けるだけです。

すべての人から高評価を得ることは不可能ですから、どんな人から支持されたいか、を明確にイメージしておきましょう。

先にも少し触れましたが、「80対20の法則」というものがあります。成果の80%は20%の要因から生まれる、というような法則です。

私は、「80対20の法則」の中に、さらに「80対20の法則」があると考えています。つまり、４%の要素がとても重要だと考えています。

１００人の人がいれば、あなたにとって重要な人は４人です。

この４人から支持されるために、考え、行動しましょう。この４人の人から応援されれば、最終的に、その他の人も応援してくれるのです。

自分より影響力がある人、知識がある人。積極的な精神を持ち、エネルギーが高い人。こういう人から支持されればいいのです。

この４%の人たちと強い関係を結べれば、すべてがうまくいくようになります。

一方で、私は著者という立場にならせていただいているので、あきらめることなく、私と同じような価値観を持つ仲間を増やす努力をしようと考えています。

『孫子の兵法』の中に、「必ず全《まった》きを以って天下に争う」という一節があります。

批判してくる相手を論破したりやりこめたりせず、批判の中身を吟味しながら、その人の心にも届くコンテンツをつくり、私の考えに共感してもらえるように心がけています。

72
99

相手が信頼するに足れば、自らも信頼に値するものにならねばならぬとする努力。これが相互信頼の真髄である

川又克二《かわまたかつじ》
日産自動車元社長

信頼を得るために必要なものとは？

川又克二氏は、日産自動車の社長、会長を務めました。社会を生き抜くうえで、他者と信頼関係を結ぶことは重要です。

私は、人と信頼関係を結ぶためには３つのことが大切だと考えています。

【1　成長する】

自分と一緒にいてよかったと思われるためには、成長して自分の価値を高めることが一番です。信頼されるためには、相手に自分の価値を示す必要があります。

私は常に、自分を成長させたいと考えています。その向上心は、相手を思いやることにつながるからです。

成長しようとする姿勢は、「自分を大切にしようとしてくれている」「一緒に成果を出そうとしてくれている」と相手に感じてもらえるので信頼が生まれます。

【2　相手を思いやる】

私にはとても重要な仕事のパートナーがいます。

私を応援してくれる気持ちが伝わってきますし、私の魅力がどうやったら世の中に広まるかをよく考えてくれています。

大切な記念のときには、価値のある場所でお祝いしてくれます。著者15周年のときには、コンラッド東京でお祝いのパーティを開催してくれました。

また、毎年、セミナーを兼ねたクリスマスパーティも椿山荘《ちんざんそう》で開催してくれます。その方とは距離感も心地良く、フィーリングも合います。相手を思いやる気持ちが伝わると、いい関係が築けるのです。

【3　誠実である】

人と作《な》るに、点の真懇《しんこん》の念頭なければ、便《すなわ》ち個の花子《かし》と成り、事々皆虚なり。世を渉《わた》るに、段の円活の機趣なければ、便ち之れ個の木人《ぼくじん》にして、処々に碍《さわり》あり。

人間として誠実さを持っていないと、やることがいつわりとなり、信頼されない。世渡りをするには、角のない丸みのある生き方をしなければ、役に立たない、気がきかない、でく人形のような人間になってしまう。そうなると、いろんなところで壁にぶつかり、うまくいかない。『菜根譚《さいこんたん》』の一節です。

やはり誠実さがないと、信頼されません。誠実な人には特徴があります。

「言動一致である」「約束を守る」「情熱を持って前進する姿を見せる」「継続する」「誰にでも同じように接する」「相手の価値観を受け止める」

これらを守れる人は、信頼されます。

信頼関係を結びたいのなら、自分の中に誠実さを育てることも大切です。

73
99

リーダーに必要な条件は、活力、意志力、責任感、包容力、知識力、説得力の６つだ

武田豊
新日本製鐵元社長

あなたのハードワークを誰かが見てくれている

武田豊氏は新日本製鐵《せいてつ》（現・日本製鉄）の社長を務めました。

チームのメンバーは、リーダーの働きを見ています。リーダーが弱気になったり、

ぐずぐずしたり、しりごみしたり、迷うと、チームの士気が下がってしまいます。

リーダーに必要な条件は、活力、意志力、責任感、包容力、知識力、説得力、だと武田氏は言います。これらの条件を高いレベルに保っておくことが大事なのです。

リーダーにはいろんな条件が必要だと思いますが、私が何よりも大事だと思うのは高いモチベーションです。

私は自分のモチベーションを高めるために朝礼を行ない、自分を鼓舞しています。私に元気がないと、スタッフ全員の元気が出ません。

自分のモチベーションを上げ、圧倒的な量の仕事、行動を行なうことで、スタッフはついてきてくれます。

第一線でどんどん仕事をこなす姿を見せないと、何を言ってもスタッフの心に響きません。普段の診療も、インプラントの手術も、誰よりも量と質にこだわってやっています。

これは、リーダーの地位にない人でも同じです。必死に動いている姿を見せることで、力を貸してくれる人が現れます。

以前、カリスマと呼ばれる有名な美容師さんと話したことがありますが、「自分より練習をしている人はいない」「誰よりも施術をこなしてきた自信がある」と自信を持っておっしゃっていました。その姿を見ているから、その美容室のスタッフの方々も仕事に熱心でした。

iPS細胞の研究でノーベル賞を受賞した山中伸弥《しんや》氏は、「ビジョン&ワークハード」の大切さを語っています。

アメリカ、サンフランシスコのグラッドストーン研究所でポスドクをしていたときに、当時の所長だったマーレー先生が教えてくれたのだそうです。

ハードワークは、ビジョンとセットでなければなりません。ビジョンがなければ、ハードワークで心身を消耗させてしまうだけで、途中でくじけてしまうからです。

ビジョンとは、自分の使命が達成されたときのシーンのことです。理想を実現した未来の自分の姿です。

私はこれまで、ハードワークな人生を過ごしてきました。それは、「最短で博士号を取得し、圧倒的な臨床をして、理想の歯科医師になる」というビジョンを持っていたからできたことです。

地位やポジションに関係なく、リーダーシップは誰にでも必要な力です。ビジョンを持ち、ハードに仕事をこなして、周りの人の信頼を得ていきましょう。

74

99

交際費をたくさん使って一流の人たちと一流の場所でたくさん会いなさい。そうすれば人を見極める力が養えるはずだ

美川英二

横河電機元社長

一流と接すると得られる2つのメリットとは？

美川英二氏は、横河電機の社長を務めました。新幹線発想法などを考え、コストダウンによって利益を捻出する戦略を打ち出しました。

まず、一流の人に会うことで、成長速度が上がります。

私自身、一流と呼ばれる人にはなるべく会うようにしています。

一流の人の話を聞く、立ち居振る舞いを見る、エネルギーを感じる、これらはすべて成長に役立ちます。

モデリングと呼ばれますが、**一流の人の思考と行動を模倣することで、成果をつかみやすくなります。**

仕事に関係ない人でも、一流の人なら接してみることです。

以前、テイラー・スウィフトのコンサートに行きました。

約3時間歌いっぱなしで、声量が全く落ちません。もちろん歌唱力も世界トップレベルです。

この実力と体力がないと世界のトップにはなれないんだな、としみじみ思いました。数万人の注目を自分一人に集める力に圧倒されました。

ボクシング世界王者の井上尚弥《なおや》選手の試合を見たときも、異次元の強さと人気に圧倒されました。日本人の世界チャンピオンはたくさんいますが、「こんなにも違うのか」と驚いたものです。

一流に接するメリットは、自分の足りない部分に気づけることです。やる気が生まれます。

一流の人と接すると、課題が見えてきます。課題が見つかれば、それを改善すればいいのです。

たとえば、あなたが今逆境にあるとします。あなたの実力では逆境かもしれませんが、一流の人にとっては逆境ではない可能性が高い。楽に乗り越えていくでしょう。

そういう視点が持てると、問題を小さくとらえることも可能になり、前向きに考えられたり、進むことができるでしょう。

また、一流の人が持つ力、スキル、見た目など、なんでも知っておくと、仲間を集めるときにも一定の基準を持てるので役立ちます。

自分よりも優れた人とチームを組むことで、大きな成果は生まれます。優れたチームをつくるためにも、一流の人と接することには意味があるのです。

75
99

何でもかんでもイエスマンで、何でもかんでもトップの指示だったら、絶対おかしくなる

豊田章男《あきお》
トヨタ自動車会長

より良い結果を得るために他者の価値観を取り入れる

豊田章男氏は、トヨタ自動車会長です。
リーマンショック、アメリカでの大規模リコール問題、東日本大震災……。多くの

困難を克服し、実績を出してきました。

トヨタグループの再編や組織改革、提携など、新しいこともたくさん行なっています。

豊田章男氏は、なるべく現場に任せて、責任だけ取る、というスタイルを目指しています。

上から抑えつけるようなリーダーではありません。みながリーダーになって自分で判断し、行動することを推奨しています。


私は、セミナー運営のスタッフと、どんなコンテンツにするか、集客ページをどういう内容にするか、などいろんな話をします。スタッフは若手が中心です。

その世代特有の価値観、感じ方があり、それはその人の強みであり良さです。自分の価値観にこだわりすぎると、自分以外の人の価値観を知ることも、取り入れることもできなくなります。

私は**相手の自由な意見を基本的に採用するようにしています。**

若手の人たちのアイデアは斬新《ざんしん》で、意見も活発で、とても感心しています。

意見を取り入れつつ、私には経験がありますので、洞察力を使い分析した点に関しては意見をさせてもらい、考えを融合させてセミナーをより良いものにしています。

いのうえ歯科病院でも、スタッフから提案があったら、基本的には「やってみよう」と伝えます。目的は一つ。患者さんがいのうえ歯科医院に魅力を感じ、安心して来てくれること。これがブレなければ任せます。

任せることによって、若い世代の人が経験を積みながら成長してくれます。世代を超えた意見を聞き、活かしていくことが大事だと思っています。

『菜根譚』に次のような一節があります。

鳥語虫声も、総て是れ伝心の訣なり。花英草色も、見道《げんどう》の文にあらざるはなし。学ぶ者は、天機清徹《てんきせいてつ》、胸次玲瓏《きょうじれいろう》にして、物に触れて皆会心の処あらんことを要す。

鳥のさえずりや虫の鳴き声は、真理を伝えてくれる。花の色も草の色もすべて、文字なき真理を伝える文章。

心をすまして胸中にくもりなく、ものに触れては真理を会得しなければならない。

いろんな人の意見を聞き、活かし、より良い成果をつくっていくことが大事です。

76
99

お客様から尊敬されるという次元があると思う

稲盛和夫
京セラ創業者

信用メッセージで人を動かす！

稲盛和夫氏は、京セラの創業者です。

儲けという漢字は、信じる＋者で出来上がっています。信じてくれる者がいるから儲かります。稲盛氏は、お客様に尊敬されることを大切にしました。

儲けたいのならば、信用されなければならない、そして、相手のことも信用しなければならない。お客様から尊敬されることができれば、価格など関係なく購入してもらえる。こう語っています。

尊敬されれば人が動いてくれます。お客様もそうですが、仕事の関係者も同じです。尊敬されるためには、相手に安心感を与え、信用されなければなりません。

たとえば、私の場合は、患者さんに寄り添って話を聞き治療する。患者さんが満足する治療をする。こうして、信頼関係を築いていきます。この関係を積み重ねていくと、患者さんは私に仕事を任せてくれるようになります。

相手を安心させ、信用してもらうだけでもいい効果がありますが、さらにいい人間関係をつくりたいのなら、あなたが相手を信じることも大切です。

相手に「あなたを信じています」と伝えるには、２つの方法があります。

【1　ほめて、成長を実感してもらう】

相手の成長を言葉にして伝えると、相手を信用しているメッセージになります。人が努力していること、成果が出ていることは積極的にほめましょう。

完璧にできていなくてもいいのです。前よりも成長していると感じたら、それを実感してもらいましょう。

人は、成長を感じるとうれしいですし、「この人は見てくれている」と感じると感謝の心が生まれます。

【2　強みをほめ、味方であることを伝える】

本人が気づいていない強みをほめることも、相手を信用しているというメッセージになります。

知り合いに、与えられた環境で精いっぱい頑張り抜く人がいます。私は、お会いするたびにその方のやり抜く強さの素晴らしさを伝えますし、応援していると伝えます。

どちらも、上から目線にならないように注意は必要ですが、ぜひ実践してみてください。

尊敬されることはなかなか難しいことです。相手を安心させて、信用を積み重ねていきましょう。そして、相手のことも信じましょう。そうすると、尊敬し合う関係ができます。

77
99

スキのある人間であれ

小原鐵五郎《おばらてつごろう》

城南信用金庫元理事長・会長

かわいがられる人の条件

小原鐵五郎氏は、城南信用金庫理事長・会長を務めました。「貸すも親切、貸さぬも親切」など、「小原哲学」と呼ばれる独自の考えを持っていました。

なんでもそつなくこなすスキがない人間は、とっつきにくく、冷たい印象を持たれる。時にはバカになれて、親しみやすい人間になり、親しみを持たれる。そうすると、部下とのコミュニケーションもうまくいき、仕事も成果が出やすい。

才能も大切だが、スキのある、味のある人間を目指そう。こう語っています。きっちりしすぎていても、つき合いにくく、敬遠されます。スキがあったり、かわいげがあるほうが、コミュニケーションもうまくいって味方も増えます。

「あの人って、案外かわいいところあるよね」と思われることも大事なのです。完璧な人といるとみんな疲れてしまいます。

意外かもしれませんが、スキがない上司はなかなか成果を上げられません。部下が助けてあげようと考える余地がないと、力を合わせて大きな結果を生み出せないからです。

私にはできないことがたくさんあるので、多くの仕事をスタッフにお願いしています。

「できないから、しかたないな」と思われているんだろうなと申し訳ない気持ちもありますが、遠慮なく助けてもらっています。

できるのにやらないと、嫌がられるでしょうが、できないことをやると迷惑をかける可能性もあります。

完璧な自分をつくろうとせず、強みを伸ばすことに意識を向けましょう。ある分野の力を伸ばしているときは、他の部分は伸ばせないので、鍛えられない部分がかわいげになるのかもしれません。

たしかに、一芸に優れている人は、かわいげがあるように感じます。

私たち日本人は、人に頼ることを苦手としています。「頼ること」＝「迷惑をかける」と考えているからです。

私たちは、仕事でも、プライベートでも、もう少し人を頼っていいのです。抱え込みすぎると、かえって迷惑をかけることになります。できないことは、助けてもらいましょう。

私も頼られることがありますが、迷惑だと感じることはありません。困ったときはお互い様です。

頼られたほうには役割ができます。役割ができることは案外うれしいものです。能力が認められた証拠でもありますし。

完璧ではなく、ちょっとスキがある人、こういう人が人を惹《ひ》きつけるのです。

78

99

少数にすれば、必然的に精鋭になる

坪内寿夫《ひさお》

坪内グループ創業者

いいチームをつくる2つの秘訣

坪内寿夫氏は、最盛期には180社の企業を持った坪内グループの創業者です。大王製紙や佐世保重工業などを再建し、再建王とも呼ばれました。

エリートだったり、優秀である必要はない。平凡な人でも鍛えれば優秀になる。仕事を兼務させると、必然的に精鋭になる。いろんな能力を備えた人間は、人の何倍も仕事ができる。

坪内氏はこのように、いくつもの仕事を兼務させ、能力を磨かせ、精鋭を育てました。

あなたのチームに、最初から優秀な人ばかりが集まってくるわけではありません。

また、最初から優秀な人は能力に自信があるので、プライドが邪魔をしてチームでいい動きができないこともあります。

平凡な人であっても、チームに必要なことを伝えながら、仕事をこなしてもらうと優秀な人材に変わります。地に足をつけて仕事をやっていくので実力がつき、頼りになる人材に成長するのです。


チームをつくる際に、非常に参考になる話があるので紹介します。

元CIA諜報員《ちょうほういん》のジェイソン・ハンソン氏は、著書『超一流の諜報員が教えるCIA式極秘心理術』（ダイヤモンド社）の中で、チームづくりの秘訣をいくつか話しています。

チームメンバーの条件はたった1つです。

誠実なメンバーだけでチームをつくることです。誠実で勤勉な人だけを採用するといいチームができるのだそうです。

誠実さを見抜く方法がいくつかあり、ここで2つご紹介します。

【1　うなずきに本心が現れる】

うなずきには本心が現れます。首の動きは真実を物語るのだそうです。言葉と首の動きが一致していない人は信用できません。

たとえば、「○○はうまくいっています」と言いながら、首を横に振る人は信用できません。うまくいっているのなら、縦に首を振るはずだからです。

【2　7つのつなぎ言葉を使う】

嘘をつく人は、話をごまかすときに、つなぎ言葉をよく使います。特に、次のような言葉をよく使う人は要注意です。

「それから」「それから、私／彼／彼女／私たちは」「その次に」「気がついたら」「あれよあれよという間に」「次に起こったのは」「突然」

誠実なメンバーを集めることで、チーム全体の能力が高まります。参考にしてみてください。

79
―
99

〝返す〟あいさつから、〝かける〟あいさつを

福富太郎

ハリウッド元社長

当たり前のコミュニケーションだが、効果はバカにできない

福富太郎氏はハリウッド元社長です。キャバレーハリウッドを開店後、チェーン展開に成功し、キャバレー太郎と呼ばれました。

福富氏は、お金儲けの極意は人を立てることだと考えていました。相手の気持ちを良くすることを大事にしていたのです。

自分からするあいさつは、あいさつをされてから返すあいさつよりも何百倍もの価

値がある。口下手な人もほめ下手な人も、あいさつだけは簡単にできるからやるべきだとすすめています。

また、「自分を下げれば、相手が上がる」という言葉も残しており、相手の気持ちを重視していたのがわかります。

自分からあいさつができる人は、当然ですが好感を得られます。

「おはようございます、今日も頑張ります！」と元気に言ってくれるスタッフがいると、医院全体の雰囲気が良くなります。

空気が良くなると私も感謝の気持ちがわきます。そして評価します。評価されると本人もより頑張ってくれて、成長にもつながっていくという、とても良いスパイラルが生まれます。

気分がいいと、パフォーマンスも高まるのです。

ハイパフォーマンスは2つの要素から成り立っています。

「何をやるのかが明確」

「それをどんな気分でやるか」

やるべきことが明確で、それをポジティブに行なえばパフォーマンスは上がります。

私たちは、何をやるか、ということは重視しています。

しかし、それをどんな気分でやるのか、ということは軽く扱いがちです。

子供時代に、「あと10分したら勉強しよう」と思っていたら、親から「勉強しなさい！」と言われて一気に勉強をする気がなくなった経験はないでしょうか。

これは、やるべきことは明確なのに、気分は最悪という状況です。そして、勉強のパフォーマンスは確実に下がります。

元気であったり、楽しい、というようなポジティブな感情は、行動の質を高めます。

感情は、パフォーマンスの質を上げたり、下げたりするのです。

会社に行けば、まずはあいさつをすることになります。このときに、良い気分を作ることができれば、1日のパフォーマンスを上げられます。

ぜひ、ポジティブな感情をつくるあいさつを心がけてください。

80
99

アクの強い、生意気な男こそ役に立つ、大いに使いこなせ

山下亀三郎《かめさぶろう》

山下汽船創業者

本当に役立つ人は、扱いにくい……

山下亀三郎氏は、山下汽船（現・商船三井）の創業者です。山下汽船を海運業界のトップクラスに成長させせました。

ゴボウにもフキにも特有のおいしさがある。アク抜きをし過ぎると、かえっておい

しくなくなる。

組織に合う人材になるようにアク抜きは必要だが、やり過ぎると特徴や強みがなくなる。個性までなくしてはいけない。このように語っています。

職場などに怒りっぽい人はいないでしょうか。イライラしている人と接したいと思う人はいないでしょう。

私自身、怒りの感情がわき上がらないような考え方を心がけますし、怒りがわいてしまってもそれを鎮めようとします。感情コントロールができなければ、冷静な判断ができなくなり、選択を誤ってしまうからです。

しかし私は、怒りっぽい人に能力がないとは思いません。むしろ、他の人にはない、強みや魅力を持っているのではないかと思います。

怒りっぽいということは、いろんなことを感じているということです。よく考えている、ということです。

普通の人は気にしない出来事、情報でも、何かに引っかかり、感情をわき上がらせています。

それだけ、繊細に物事を考えていると言えます。思慮深いということは武器であり、人と違った考え方ができる優秀な人です。

礼儀を全く無視してしまうのなら問題ですが、ちょっとアクが強いというのは個性です。個性が強いから、他の人と違う考え、アイデアを生めます。ちょっと扱いにくいな、という人に限って仕事ができることが多いのです。

以前、私の知り合いの経営者の方に、自分の右腕の人物の話を聞きました。

その人は、話をしているとよく怒り出してしまうのだそうです。

しかし、その分、いいアドバイスをくれます。物事を多面的に見て、いろんな切り口で、興味深いアドバイスをしてくれるのだそうです。

あおるようなことを言うわけではないのに、興味を引く内容で、しかも、他の人にはない知識量を基に話すので、とても説得力のあるアドバイスなのだそうです。

扱いにくいけれど、その人に相談するとうまくいくということです。

優秀な人ほど少し扱いにくかったりするので、広い心を持って接してみてください。あなたのために力を発揮してくれますよ。

81
99

人のいいところを見つけて、徹底的に伸ばして、ほめることが、その人の能力を引き出すコツ

澤田秀雄

エイチ・アイ・エス創業者

相手の強みをほめる効果

澤田秀雄氏は、エイチ・アイ・エス創業者です。澤田氏は、著書『思う、動く、叶《かな》う！』（サンマーク出版）の中で、次のように語っています。

「人間は自分のよいところを使われると、当然やりやすい。こなしやすい。だから、仕事がはかどる。成果が上がる。その結果、上司からほめられる。いい気分になる。さらにやる気が出る。好循環である。

人間の感情には喜怒哀楽があるが、そのうちの『喜』が本人のプライドに熱い刺激を与えるのだともいえるだろう」

私は、相手の欠点は見ないことにしています。相手ができないことを望んでも意味がないからです。相手ができないことに怒るというのは愚かです。

相手に「今すぐに能力を上げなさい」と言っているのと同じだからです。100%無理なことに期待してもしかたありません。自分の感情が乱れるだけです。

足りない部分は気長に伸ばしてもらえばいいのです。それよりも、相手の強みを生かして、協力してもらうように視点を変えましょう。

足りないところを伸ばすのは難しいですが、すでに持っている能力を伸ばすのは難しくありません。

得意なことは、行動を起こすのに努力がいりません。すぐに始められ、集中することができます。その分、上達も早いのです。

強みは急速に伸びますので、その点を伸ばしてもらい、その強みを使いながら協力してもらいましょう。

また、ほめることも大事です。先にも書きましたが、成長をほめられると人はモチベーションが上がります。

ほめるとコミュニケーションもうまくいき、協力関係も築きやすくなります。

では、ほめるときは、努力をほめるべきでしょうか？　結果をほめるべきでしょうか？

リーダーや経営者なら悩ましいところです。努力しているけど、結果は出てないからほめないほうがいいかな。努力自体は尊いことだから、結果が出なくてもほめるべきかな。

結論は単純です。**努力したらほめる。結果を出したらほめる。**両方ほめるです。

相手の立場になって考えてみてください。

努力しても認められないと、やる気がなくなってしまいます。結果が出てもほめられないとやる気がなくなります。

「この人は見てくれている」という感覚は、力強く、信頼にもつながり、いい関係が築けます。長所を見る。ほめる。いい仲間をつくる鉄則です。

82
―
99

人によくすることは、自分にもよくすること

早川徳次

シャープ創業者

人に与えるときの3ポイント

早川徳次氏はシャープの創業者です。
早川氏には5つの誓いがありました。
一　近所をよくする、近所をもうけさせる。

二　信用、資本、奉仕、人、取引先、この五つの蓄積を行え。
三　よい人をつかんだら、決して放すな。
四　儲けようとする人は、儲けさえあればいいんだ。何事にも真心がこもらない。
五　人によくすることは、自分にもよくするのと同じだ。人を愛することは、自分を愛するのと同じだ。事業も処世の道も、これ以外のものはない。
早川氏は「人によくすることは、自分にもよくすること」という信念を持っていたから、数々の成功をつかめたのでしょう。


私の今までの経験では、相手に良くすると、自分にも良くしてくれます。自己犠牲をしてまで与える必要はありませんが、人に与えられるときには与えるほうがいい人間関係ができます。相手が困ったときこそ与えましょう。

そして、与えるのなら、自分から率先して与えてください。与えられてから与えるのではただのお返しです。

あるインフルエンサーの方は、炎上したときに何も言わずに傍にいてくれた人を大事にしている、とおっしゃっていました。相手の状況が悪いときほど、その人のためになるように動いていきましょう。

私はできる限り、人に与える努力をしてきました。そんな中で、与えるときの勘所がわかってきましたので3つご紹介しておきます。

まず、**誰に与えるか**です。私は、成長段階にある人に対しては、精いっぱい応援するようにしています。私にも先が見えない時期、迷いながら頑張っていた時期がありますが、手を差し伸べてくれた人のことを忘れられません。成功した人に与えるより、成功の途中にある人に与えることに意味があります。

次に、**何を与えるのが最もいいか**。私は人を紹介することに一番効果があると思います。人をつないであげることで、仕事がうまくいくのなら、積極的に紹介します。目標達成までの期間を短くするつながりをつくってあげましょう。

最後に、アドバイスをするときには、**自分の専門性に基づいたアドバイス以外しません。**私が人にアドバイスをするときには、歯科医師としての専門性か、潜在意識の専門性をベースにしてお話しします。誰でも言えるような言葉に価値はないからです。

この勘所を意識しながら与える人になってください。

83
―
99

従業員一人ひとりがいきいきとして自主自立していること

吉野浩行

本田技研工業元社長

不自由、ストレス、心配、今日から禁止！

吉野浩行氏は本田技研工業社長を務めました。
従業員のみんながいきいきと仕事をして、なおかつ、自主性を持ってもらうことを目指した組織運営をしていました。

私は、一緒に仕事をする人に、のびのびと仕事ができる環境を整えるように心がけています。

制限がないほうがいい動きをしてくれますし、自主性を持って成果を出す方法を探りながら仕事をしてくれます。

特に、私の場合は、出版やセミナー事業のスタッフには自由にやってもらうようにしています。

餅《もち》は餅屋ですから、あまりいろいろ言っても、そのスタッフが考えるヒットの戦略、設計が崩れます。

自分の意見を押し通す、威圧的な著者も中にはいるようです。

昭和時代の感覚の人ばかりなら、それでも頑張ろうとなんとかしてくれるかもしれません。

しかし、理不尽につき合ってでも仕事をやろうという人はもはや稀《まれ》です。嫌な相手とは関係を切るのが普通の時代になっています。ストレスやプレッシャーをかけられてでも成果を出そうとするタイプの人はほとんどいないのです。

自由を与え、仕事を楽しみながらやってもらったほうが、パフォーマンスを発揮してくれます。

自由な環境を与える、ストレスやプレッシャーをかけない、これらも大事ですが、私はもう一つ気をつけていることがあります。

それが、**相手に心配させない、ということです。**

たとえば出版では、原稿の確認が遅れると、それだけ編集者に焦りが出ます。そのため私は、期限の1日前には必ず確認を終えるようにしています。

また、返信もなるべく早く返すようにしています。出版やセミナーのスタッフは、このスケジュールで了承してもらえるか、このアイデアは採用してもらえるかなどと、著者への提案に対して不安を抱えています。

仲間には、安心感を持って仕事をしてもらうことが大事ですし、ハイパフォーマンスを発揮してもらうことが、結局は自分のためになるのです。

仕事仲間には、自由と安心を与えましょう。それが土台としてあるから、みな最高のパフォーマンスを発揮してくれるのです。

84
—
99

一生懸命やっておればだいたいにおいていい結果が得られる

出光佐三《いでみつさぞう》　出光興産創業者

きついときほどポジティブな態度と言葉を！

出光佐三氏は、出光興産の創業者です。小説や映画の『海賊と呼ばれた男』の主人公のモデルとしても有名です。

職場の人や、社外の仕事関係者の中には、「この人合わないな」という人もいることでしょう。

それどころか、この人嫌い、この人苦手、という人もいることでしょう。

人間関係は、多くの人の悩みの種です。

ただ、仕事とは感情抜きで論理的に行なうものです。仕事では、自分の感情を満たすのではなく、成果を出すことを優先すべきです。

こう覚悟することで、かえって仕事における人間関係の悩みがなくなっていきます。

「一生懸命やっていればいい結果が得られる」、こう考えると仕事に集中できます。**自分は会社のために何をやるべきか、これに集中して仕事をしていれば、人間関係があまり気にならなくなってくる**からです。やるべきことをやっていれば、他のことに気をとられることもなくなります。

一生懸命頑張っていれば、社内外の仕事関係者との人間関係が小さなこととなり、感情が乱れることがなくなるということです。

仕事の関係者は、友達ではありません。成果を出すために一緒に仕事をする人です。

そう割り切ることで、好き嫌いもなくなっていくでしょう。

とはいえ、そう簡単に割り切れない人もいるかもしれません。

そんな人のために、中村天風先生は次のように語っています。

「悲しいことやつらいことがあったら、いつにもまして、笑ってごらん。悲しいこと、つらいことのほうから逃げていくから」

笑うと気持ちは、ポジティブに、楽しくなるものです。

仕事での人間関係に悩む人はつらいでしょう。

でも、そんなときにこそ、ポジティブな心を持って、表情を明るくしたり、いい言葉を使う。

潜在意識にポジティブなものが溜まっていけば、いい人生が形づくられていきます。潜在意識は、ポジティブな感情を持てば、ポジティブな現実をつくります。

どんな状況でも、ネガティブさに巻き込まれず、自分の心をいい状態に保ちましょう。

第7章
強い心でやり抜く
成功しかない世界を生きる言葉

85
99

不屈邁進《まいしん》

江崎利一《りいち》

江崎グリコ創業者

希望を失わず1ミリでも進み続ける

江崎利一氏は江崎グリコの創業者です。「不屈邁進」とは、グリコの七訓の一つです。何度も困難に遭遇し、その都度乗り越えてきた強い精神力が表されています。

グリコがここまで私たちの生活に浸透するには、たくさんの試行錯誤がありました。夏の暑いシーズンにキャラメルの形が崩れる問題は技術開発で改善。あの誰もが知るトレードマークも、小学校のリサーチを行なうなど、決定するまでに徹底した調査を行なったそうです。

『論語』に「君子は道を憂えて貧しきを憂えず」という一節があります。

君子は、道を得られないことに悩むが、自分が貧しいことには悩まない。

この言葉は、目標を達成するために、焦らず、少しずつ前に進んでいくことの大切さを教えてくれているように感じます。

何かうまくいかないことがあったとしても、不安になる必要はありません。信念を持って、やるべきことをやり続ければ、目標は達成されるのです。

どんなときも希望を持って、積極的な精神で少しずつ進んでいけば道が開けます。

目に見える結果が出ないと焦るかもしれません。そんなときでも、進み続けるしかないのです。

信念のある人は、「どう生きるか」を大事にします。ありたい姿を実現するために前進しているのです。

以前、地域のコミュニティ誌に自分で記事を書いて、いのうえ歯科医院をＰＲしていました。より多くの方に足を運んでいただくためです。

そのために私はまず、コピーライティング能力を上げるレッスンを受けました。私が文章を書き、コピーライティングのプロに添削してもらう。改善点を教えてもらい書き直す、添削してもらう、書き直す、これをくり返し行ないました。このおかげで、かなり文章力は高まり、実際に記事も好評でした。

しかし、好評だからと満足するわけにはいきません。次に私は、レイアウトや写真についていろいろなパターンを試しました。これによって、だいぶ反応は上がりましたがまだ満足できませんでした。

そこで私は、いのうえ歯科医院の患者さんの性格分析を行ないました。膨大な数でしたがコツコツとデータをつくっていきました。

いのうえ歯科医院に来てくれる人は、どんな考え方をする傾向にあるのか。その思考の傾向を考慮した記事を書くことにしたのです。

ここまでやって、やっと満足できる結果を得られました。

改善点を見つけるということは、希望を見つけるということです。希望を持って、少しずつでも目標達成に向かっていくことが大切です。

86

99

人生というのは、満塁ホームランを打つことではなく、こまかいことをコツコツと積み重ねることである

藤田田《でん》

日本マクドナルド創業者

活性化エネルギー不足にならないためにコンパクトにバットを振る

藤田田氏は、日本マクドナルドの創業者です。バリューセットや平日半額など、デフレを利用することで売り上げを伸ばしました。

仕入れのコストカットや工場の改善に取り組み、価格を下げる戦略でも利益を出すことに成功しました。

私の知り合いに、ある商品を製造している人がいます。有名企業から発注されて製品をつくるのですが、厳しくコスト削減を求められるそうです。

厳しい条件でも、コツコツ努力し、納品しています。「このコストでやり切る」と決めるとやれてしまうものだそうです。

あるとき、他の大手企業から仕事の依頼が来ました。とても厳しい条件で製造していたので、その会社の仕事がとても簡単にできてしまったそうです。

きついことでもコツコツやっていくと、それが当たり前になります。きついことが当たり前のことになったとき、自分のレベルが上がったことに気づけます。これをくり返すことで、人は成長していくのだと思います。

藤田氏の言葉で重要なのは、ホームランを狙わないということです。コツコツ当てていくことが大事です。

計画的に物事を行なうには、脳の実行機能という働きが関係しています。目標を設定し、達成までの計画を立て、集中力を保ちながら計画を遂行するというのは、脳の高度な働きです。その分、脳にかなりの負担がかかります。

実行機能をうまく働かせるために、活性化エネルギーというものの使い方を工夫する必要があります。

活性化エネルギーとは、物事を「よっこらしょ」と始めるときに必要なエネルギーです。

「風呂キャンセル」という言葉が一時注目されましたが、お風呂に入るときも、動き出しが一番しんどいのです。

とにかく、始めるときには大きなエネルギーが必要です。ただし、一回始めてしまえば人の行動は軌道に乗ります。

そうじなどをイメージしていただくとわかると思いますが、めんどくさくても始めてしまえば、もっときれいにしようとはかどっていきます。

大きな目標を立てることはいいことだと思いますが、やることを大きくし過ぎないことです。難しいことや大量のタスクを行なおうとすると、活性化エネルギー不足で現実逃避して享楽にふけってしまいかねません。

やることはとにかく分けて、小さくすること。小さいことを何個もやっていき、最終的にやるべきことがやり切れるように計画することが大事です。

87

99

失敗を恐れず成功を自惚《うぬぼ》れません

塚本幸一

ワコールホールディングス創業者

月も太陽も、欠けた姿を隠さない

塚本幸一氏は、ワコールホールディングスの創業者です。昭和21年、ワコールの前進である和江《わこう》商事を立ち上げ、アクセサリーの行商をやっていましたが伸び悩んでいました。

そんなとき、取引先を通じてブラジャーを知りました。まだ世間に知られていない商品でしたが、塚本氏はブラジャー市場に乗り込みました。そして、未開の市場に飛び込み成功を収めたのです。

「失敗を恐れず成功を自惚れません」は、ワコールの経営の基本方針です。

誰もやっていない新しいことに挑戦するときには、いくつかの方法があります。

「今ある既存のものを組み合わせて新たなものをつくる」「誰もやったことがないサービスや商品を考える」「他の人よりも圧倒的に時間と労力をかける」「新しい市場にチャレンジする」……。

新しいことをやるためには、できることを全部やっていくしかありません。

時代背景を考えると、「ブラジャーをつくっている会社なんか」と悪いイメージでとらえられた時期もあったのではないかと思います。

それでも、行商がうまくいっていないのですから、やるしかない。この次へのチャレンジ精神が成功をつかんだ秘訣だと思います。

欲しいものがあるのなら、固定概念にとらわれないことが大事です。

過《あやま》つや人皆之《これ》を見る。更《あらた》むるや人皆之を仰ぐ。

『論語』の一節です。失敗したことを隠さない。言い訳をしたり、隠そうとすると、周りの人からバカにされたり、さげすまれたりする。

しかし、失敗と向き合い、問題を改善・解決する、次への挑戦をすると、周りの人から尊敬される。

塚本氏も、行商がうまくいかず、ブラジャーの市場に挑戦しました。失敗を成功のきっかけとするか、失敗を失敗と受け止めて落ち込むのか。失敗のとらえ方によって、未来は大きく変わります。

「君子の過ちや、日月《じつげつ》の食の如《ごと》し」

こちらも『論語』の一節です。

日食、月食のとき、太陽や月は欠けた姿を見せます。優れた人は、自分の失敗を隠しません。失敗は誰にでもあります。

しかし、それを隠して、なかったことにしても成長はありません。その失敗をいかに有効利用するかが大切なのです。

88/99

日本一に必ずやできる。同じ夢を見ようじゃないか

岡田茂

東映・東急レクリエーション元社長

みんなに紫の着物を着せよう

岡田茂氏は、東横映画（現・東映）に入り、京都撮影所長などを経て、社長、会長を歴任しました。東映仁侠《にんきょう》路線、実録路線を推進した立役者です。

岡田氏は、当時みすぼらしかった撮影所に着任したとき、日本一の撮影所にしよう

とみなに語りました。そして、その夢を現実のものとしました。

夢を持つことは大切です。夢を持つ、欲を持つのは、人間の本能だと思います。人間は本来そういう生き物なのです。**欲を抑えて行動するのは、人間の本質を捻《ね》じ曲げて頑張ることになるのでうまくいきません。**

夢があるから、それに共感して応援してくれる人も現れます。心が空っぽの人に協力しようとする人はいません。

私は、朝礼でスタッフのみんなに「いのうえ歯科医院は、どこよりも患者さんに喜んでもらえる優れた医院になろう。そのためにできることをなんでもやろう」と語ります。

私は、スタッフには、まず一定水準以上の給料を与えなければならないと考えています。そうしないと、働く動機が生まれないからです。

次の段階では、経営者がスタッフに希望を与えて働きがいも与えないといけません。

夢がない会社で働きたい人はいません。

条件は働くためのキッカケです。そのあとは、会社が成長する可能性を示す必要があります。

会社の成長は仕事のやりがいにつながりますし、報酬のアップにもつながります。

そのために経営者は夢を語る必要があるのです。

どんどん夢を発信するべきです。そうすると、それに共感して協力してくれる人が現れ、実現がぐっと近づきます。


斉の桓公、紫を服するを好み、一国尽く紫を服す。


『韓非子《かんぴし》』の一節です。

斉の桓公は、紫の衣が好きで着用していました。しかし、国中の人がそれを真似して紫の衣を着るようになり、紫の生地の値段が白絹の5倍にも跳ね上がりました。

下の者は上の者を習うのです。夢を持つ人に、みなついて行くのです。

まずは、夢を持つことから始めてみてください。それが人生を変える第一歩です。

89

99

誰から何の批判も受けないということはあり得ません

藤田晋《すすむ》

サイバーエージェント創業者

今の3倍やれば敵はいなくなる！

藤田晋氏は、サイバーエージェントの創業者です。

出る杭は打たれるは本当です。人は、自分と同じような地位にある人間が自分よりも活躍しようとすると、引きずり降ろそうとします。

たとえば、二人の人が長年仲良くつき合ってきたとします。片方の人間が夢を持ち、達成のために行動を始めると、何も変化する気がないもう一人は不快感をいだくようになります。

そうすると、片方を元の状態に戻すために、嫌がらせをする方法をクリエイティブに考えて実行します。

つまり、これは相手が悪いわけではなく、人間はそういうものだと考えるべきです。はっきり言って、無視していいということです。

いのうえ歯科医院の新聞広告を出したとき、駅に写真つきの大きな広告を出したとき、「自分の医院のことばかり考えているな」など、私はいろいろな意見を言われました。

こう批判されたときに私はどうしたと思いますか？

ＰＲを今までの３倍に増やしました。

その結果どうなったと思いますか？

誰も何も言わなくなりました。

批判されてやめるから、もっと批判されるのです。足を引っ張られるということは、相手と同じレベルにいるからです。足を引っ張られる位置にあなたがいるからです。

相手はあなたに影響力を発揮できると思っていますし、影響を与えられたら気持ち良くなります。

だからこそ、何か批判されたからといって折れないでください。相手が言えないレベルまででやればいいのです。

とはいえ、そこまでやる勇気はないという人もいるでしょう。ここで、成功者たちに読み継がれている『君主論』を紹介します。

政治思想家のニッコロ・マキャベリが16世紀に書きました。歴史上の君主を研究し、権力、集団統治、組織づくりなどの教訓が書かれています。現代では、リーダーシップを学ぶために読まれています。

結果至上主義、目的のためならなんでもやる、という冷酷な人心掌握術の側面もありますが、心が折れそうなときに、助けてくれる名言がたくさん書かれています。

「非難されてもひるまない」「悪人になる覚悟を持つ」「滅びないためにあえて戦う」「他の国を強大にしない」「変革に抵抗はつきもの」「自分の地位を守る基盤をつくる」「憎しみや恐れから人は人を傷つける」

あなたが打ちのめされそうなとき、こういう言葉を思い出して力強く前進してください。

90
99

変化の激しい今、「当たり前」は続かない

出井《いでい》伸之《のぶゆき》
クオンタムリープ元代表取締役　ファウンダー&CEO

立ち止まって流されないことも大事

出井伸之氏は、ソニーの社長、会長兼グループCEOを務めました。

終戦時、小学2年生だった出井氏は、中国の大連にいました。日々、目の前で常識を覆されることが起こりました。

昨日まで黒だったものが、白になり、価値観が覆されていったのだそうです。今の当たり前も、一生続くわけではないのです。

「冷（零）風は則ち小和し、飄風《ひょうふう》は則ち大和す」

『荘子』の一節です。

そよ風には小さく応じ、大風には大きく応じて、葉を自在にふるわせる。

この言葉をみると、抗《あらが》わず調和していく自然の様子を感じられます。

逆境や困難に直面しているとき、人は思考も心も迷いがあります。そういった一種の混乱状態のときに、状況に抗ったり、何か無理やり事を起こそうとすると、それはやはりうまくいきません。

価値観や信念を変えてはいけませんが、状況に応じて、柔軟に動いていくことが大切です。

悪い状況のときは、その状況に逆らって進んでもいけません。逆行すると、大きなエネルギーが必要となって挫折してしまいます。

では、どうすればいいのか。

立ち止まることです。耐え忍び、準備し、状況が良くなったところで一気に攻めるのです。

立ち止まることは、とても不安を感じることでしょう。その状況であなたを支えるのは習慣です。

自分のスタイルを貫き続けることで、無理なことをしたり、流されることがなくなります。

たとえば出版に関して、私はコンスタントに書籍を発売していきたいと思ってはいます。しかし、そう都合良くいくものでもありません。３カ月連続出版のときもあれば、６カ月ほど本が出ないときもあります。

そんなときでも、私が無理に出版社に働きかけることはありません。

月曜日から金曜日までは北海道で歯科医師として働く。週末は、取材や打ち合わせで、東京で働く。コーチング生やセミナー受講者と話し、悩みを聞く。こういういつもの生活を続け、本の企画を考え続けておくわけです。

そうこうしているうちに、出版のオファーも来ますので、溜めておいたアイデアを一気に本づくりに生かしていきます。

無理に進まない。人生では、立ち止まることも大事です。

91

99

夢を見、夢を追い、夢を喰う

保直次《たもつなおじ》

城山観光グループ創業者

夢をかなえる時間を確保する

保直次氏は、鹿児島県を拠点とする城山観光グループの創業者です。保氏の奥様はお別れの会で、「城山（観光）には自分の生命をかけ、男冥利《みょうり》に尽きたと思う。ロマンを追い求め、事業家として足跡を残せたことを誇りに思う」と故人をしのんだそうです。

夢を見なければ実現しない、ということを表した言葉です。

夢を持っても、周りの人が理解してくれない、協力してくれない……、と悩んでいる人もいるでしょう。

夢を持ってもすぐに協力者は現れません。少しずつ結果を出していくと、だんだん周りの人があなたの夢を理解したり、達成のために協力してくれるようになります。

私は週末東京に出張するので、いのうえ歯科医院では私は週末に北海道に居ないことが前提となり、医院がしっかり機能するようにスタッフが協力してくれています。

しかし、これは、歯科医師以外の仕事が医院経営にいい効果を与えているから協力してもらえているのです。結果を出せずに、スタッフのみんなに負担ばかりかけていては、協力などしてもらえません。

保氏のお別れの会での奥様の言葉は、「自分の好きなことをやって幸せだったね」という意味が込められているように感じます。

でもこれには、自分のやりたいことに邁進《まいしん》して結果を出した、という事実も含まれていることを忘れてはいけません。結果を出さずに振り回される周りは迷惑です。

夢をかなえるためには、協力者が欲しいなどと考えず、結果を追い求める時期が必要だということです。

『荘子』に「美の成るは久しきに在り」という一節があります。

良いことの完成には時間がかかる、という意味です。成功には時間がかかる、と言い換えてもいいでしょう。

夢を持つことは大切です。そのうえで、達成には時間がかかる、ということも知っておいてください。

すぐに結果が出ないからと、すぐに諦めないでください。長期的な視点を持って、一歩一歩進んでいきましょう。

成し遂げるには時間がかかり、逆に、悪いことは一瞬で完成します。

仕事相手との信頼関係は少しずつ築かれていきます。しかし、信頼関係が崩れるのは一瞬です。

また、直線でゴールに行くことも大事ですが、回り道してもいいと思っておいてください。回り道とは、失敗と改善のことです。これをくり返すと、経験が積み重なりますし、実力もついてきます。将来的にはかえって有効なことも多いのです。

92
99

無駄金も使うだろう。期限も遅れるだろう。そんなことは当たり前だから気にするな。ビクビクせずに思い切ってやれ

大屋晋三《しんぞう》
帝人元社長

やれることをやる大切さ

大屋晋三氏は、帝人の社長に就任した後、参議院議員となり、第２・第３次吉田内閣の商工相、運輸相を歴任しました。その後、再度、帝人社長に就任しました。

「無駄金も使うだろう。期限も遅れるだろう。そんなことは当たり前だから気にするな。ビクビクせずに思い切ってやれ」という言葉は、帝人の業績が悪化したときに、関係者に投げかけたといわれています。

仕事をしていたら、誰でもうまくいかないときがありますし、いろんな失敗もします。

成功者は、うまくいかない中で、夢を持ってやり続けたのです。失敗にビクビクしなくていい、ということです。うまくいっていないのは事実かもしれない、それを認めたうえで、やれることをやるしかありません。

思考と行動の量を増やすと、何か一個くらいうまくいくかもしれません。

失敗してやめるのは簡単です。でも、越えられないと思っている山も、近づいてみるとトンネルがあったりします。諦めないことです。少しでもやれることをやってみましょう。

私の1冊目の本『自分で奇跡を起こす方法』は、まず、Amazonで総合1位をとることを目指しました。出版の素人の私は何をどれぐらいすればいいのかわかりません。

当時は、メルマガリストも持っていませんでしたし、SNSのフォロワーもいませんでした。知り合いにメールでお願いする、これしか思いつきませんでした。

誰もが思いつくようなことです。ただし、私はそれを徹底してやりました。100人の方にメールでお願いしたのです。一人ひとりに心を込めてメールしました。

結局、私たちは、今いる場所でできることを、限界まで頑張るしかありません。たとえば、自分の所属する会社がうまくいっていないと、ライバル会社の社員はいいな、と思ってしまいます。

隣の芝生は青く見えます。でも、うらやましく思う他人も、同じような悩みを抱えています。他人をうらやましく思うより、今の戦いに立ち向かったほうが楽です。

『徒然草』に、「人ごとに、我が身にうとき事をのみぞ好める。法師は、兵《つわもの》の道を立て、夷《えびす》は、弓ひく術《すべ》知らず、仏法知りたる気色《きそく》し、連歌《れんが》し、管弦《かんげん》を嗜《たしな》み合へり。されど、おろかなる己れが道よりは、なほ、人に思ひ侮《あなず》られぬべし」という一節があります。

誰もが自分の職ではない、他の人の職を好む傾向がある。僧侶は武芸に心惹かれる。逆に、武士は仏教に通じているような顔をして、連歌に加わったり、音楽に身を入れたりする。でも、そんなことをしていては、自分の職は中途半端、執着した芸のほうも未熟となり、人から軽蔑《けいべつ》されるだろう。こういう意味です。

どんなときも、その場で踏ん張り、やれることをやるしかないのです。

93
―
99

今の時点で過去を振り返ったら、運がよかった部類に入るんじゃないですかな

山内溥《ひろし》

任天堂元社長

過去への解釈を変えると運が良くなる

山内溥氏は、任天堂の社長を務めました。
成功の理由をインタビューで問われ、右のように答えたのだそうです。

時々、「自分は運がいい」という人に出会います。

よく話を聞いてみると、その人たちに共通していることがわかってきました。

その共通点とは、「過去に対して痛みを感じていない人は、自分のことを運がいいと思っている」ということです。

しかし、誰もがさまざまなことで失敗し、過去に何かしらの傷を負っています。なぜ、自分は運がいいと思っている人は、痛みを感じていないのでしょうか。

それは、**あらゆる出来事をプラスにとらえ直しているから**です。

失敗の中により良くするための要素を見つけ改善して行動してきた人には、心の痛みがないのです。

つまり、マイナスの中からプラスを見つけられる人は、「自分は運がいい」と思っているということです。

あれがあったから、私は今いい状況なんだ。あれがあったから、私は今悪い状況なんだ。とらえ方によって、大きな違いがあります。

過去に対して、いかにプラスの解釈ができるかが鍵となります。

また、芸術家には、莫大な金額を稼ぐ一握りの人と、生計が成り立たない大勢の人がいます。私たちには、どの作品も優れているように見えますが、明確に成功の差があるのが芸術の世界です。

今では、ＳＮＳでいきなり頭角を現す人がいるかもしれませんが、芸術家はどこの美術館で飾られるかによって、その後の人生が変わるということがあるようです。つまり、ある環境を経由すると成功する、この人とつながると成功する、ということがあるようなのです。

そう考えると、運を引き寄せるには、「どこを経由するか」「誰とつながるか」が重要だと考えられます。

あなたの理想を実現している人は、どういう人とつながって成功したのか、これを調べてみるといいかもしれません。

ただ、注意してほしいこともあります。成功者の中には「自分は運で成功した」と言う人がいます。これは敵をつくらないための方便であることもあります。「私は誰よりも、もちろんあなたよりも頑張ったから成功しました」、こういうことを言って温かく受け入れてくれる人はいません。

運が追い風になったということはあると思いますが、努力もしてきているということは忘れないでください。

94
99

人生山あり、谷あり

小笠原敏晶《としあき》

ニフコ元社長

65歳、資金なし。フォードの中古車と圧力釜で大復活

小笠原敏晶氏は、ファスナー製造会社ニフコの社長、会長を務めました。

小笠原氏は、東証二部に上場したとき、東証の理事長に「人生山ばかりでなく、いつか谷も来るから用心しなさい」とアドバイスされました。

その7年後、筆頭株主が、保有株1万株を売却したいとの申し入れがあり、危機に直面します。しかし、結果的には、売却のおかげで経営の自由度が増し、かえって順

調に会社が成長しました。

人生には、いつ谷が来るかわかりません。けれども、山も必ず来るのです。

ケンタッキー・フライド・チキンは、おそらく誰もが一度は食べたことがあるでしょう。その創業者カーネル・サンダースの人生は山あり谷あり、です。

15歳から、路面電車の車掌、保険外交員など40以上の職を転々としました。

30歳を前にガソリンスタンドを経営し、ケンタッキー州でも有数の店に成長させました。しかし、世界的大恐慌の影響を受けて、すべてを失います。

サンダースの店舗経営は優秀であったため、シェル石油が新しい店舗のガソリンスタンドの経営を任せてくれました。普通に経営しても芸がないので、サンダースカフェも建てました。ガソリンスタントの裏にはモーテルもつくり、成功を収めました。

しかし、カフェは火事で焼失。その後、レストランに絞った経営に移ります。

順調もつかの間、新サンダースカフェのある国道25号線の迂《う》回路がつくられ、車通りが激減。カフェは赤字となり、店を売却することになります。税金の支払いと借金の返済をすると、65歳のサンダースに残ったのは、フォードの中古車と圧力釜、フライドチキンのレシピだけでした。

しかし、そこからフランチャイズのビジネスを成功させ、大復活したのはみなさんご存じでしょう。**大経営者でさえ、こんなに浮き沈みを経験しているのですから、ちょっとした谷で焦る必要はありません。**


人生は、山あり谷ありです。

仕事も、お金も、人間関係も、健康も、いいときもあれば悪いときもあるものです。

しかし、谷があれば山があり、悪いときばかりは続かず、必ず盛り返すときがきます。

谷を一歩一歩しっかりと歩んでいくことが大切です。

安岡正篤《まさひろ》先生はこういうことを語っています。

自分の能力や素質を磨くことで、自分を変えることができる。だからこそ、しっかりと生きよう。

どんなにつらいことがあっても逃げずに、その経験から学びを得て、時間をムダにしないことが大事なのです。

95
99

心配すべし、心痛《しんつう》すべからず

馬越恭平《まごしきょうへい》

大日本麦酒社長

動けなくなるほどの心配はマイナスでしかない

馬越恭平氏は、大日本麦酒社長で、ビール王と呼ばれました。

何事にも心配はつきもので、時には重要なことに対応しなければならない。いろいろ考えたり、試みたり、急ぐことも大切だが、体が弱るほど心を痛めるのは愚か。誠心誠意で物事に向かえば、必ず良くなる。こう考えていたようです。

成果を出すために何かに取り組んで、自分を犠牲にしては本末転倒だと私は思います。そこまで自分を追い込む必要はありません。

たしかに、「自分はこれで本当に大丈夫なのか」というような、不安や心配も少し持っておかないといけないのも事実です。

自分の感覚を１００％信じ切ってしまうと、自分自身の力を見誤ってしまい、結果が出ないことがあります。自分の立ち位置を冷静に見て、判断することは大事です。

だからと言って、必要以上に不安を感じたり、心配ばかりしていてもよくありません。**メンタルや体調が崩れ、ベストパフォーマンスができなくなるほどの不安、心配は不要**です。

自分に不足している部分を冷静に見て、緻密に考えることは大事です。しかし、ベストパフォーマンスができる心身の状態を確保することを第一に考えてください。

大学院生のとき、論文審査に向けて、私は長い間、真剣に準備を重ねていました。思いつめた私は、結果の合否を意識しすぎるようになり、胃が痛くなるようになりました。気づかぬうちに、自分に自分で大きなプレッシャーをかけていたのだと思います。

こんな状態でいい発表ができるはずがありません。私はいい意味で開き直ることにしました。

「やるべきことはやってきたし、自分の研究分野に関しては、審査してくれる教授よりも、現場で頑張ってきた自分のほうが詳しいに決まっている」

　こう考えられるようになると、心身ともに健康な状態になりました。結果として、ベストパフォーマンスを発揮できました。

「晴れてよし　曇りてもよし　富士の山　もとの姿は　かわらざりけり」

幕末に活躍した政治家で、幕府講武所で剣術も指南した、山岡鉄舟《てっしゅう》の言葉です。みな、晴れたときの富士を見るときれいだと言い、曇っているときの富士は見栄えが悪いと言う。見ている人はそう思うが、富士山はいつも同じ姿をしている。

　こういう意味です。

あなたの価値も知識も、他人の言動によって、変化することはありません。他者がどう思うか、結果がどうなるかなどは考えすぎず、自分を信じて堂々としていればいいのです。

　少しの心配や不安はプラスに働くこともありますが、過剰に心を乱すのはパフォーマンスに悪い影響があるので、やめましょう。

96
99

人は一度の失敗からは学ばない、二度失敗してようやく学ぶ

松井忠三《ただみつ》
良品計画元社長

成功者も最低2回は失敗している

松井忠三氏は、良品計画の社長、会長を務めました。

松井氏は、著書『無印良品は、仕組みが９割』（ＫＡＤＯＫＡＷＡ）でこう語っています。

「一度失敗して改善されなかった場合、多くの場合はそこで直らないものなのだとあきらめるのかもしれません。

けれど、二度失敗して初めて問題の深刻さに気付き、原因が何なのかを探れる姿勢になれるものなのでしょう」

失敗は恥ずかしいことではありません。むしろ成果を出すために大切です。重要なのは、失敗したときに、気づきを得られるかどうかです。

そのためには、一度の失敗くらいでへこたれてはいけません。

失敗をしても、何度でも立ち上がればいい。ただし、失敗したときに、なぜ失敗したかを考えることが大事です。

ある人にこんなことを教えてもらいました。

「人生はただただ長く生きていたとしても意味がない。ただの体験は無知でしかない。体験の科学をしなさい」

ただ、経験をしただけでは自分の中に何も積み重ならない、ということです。

一つひとつの体験をして、それをどうしたらうまくいくのか、どうしたらうまくいかないのか、これを一つひとつ科学的に検証しながらやっていくことに意味がある。

何も考えないで体験しても意味がありませんが、体験を検証して、考える時間をと

った人は、体験を価値に変えることができます。

失敗は誰もがします。これは、かえってうまくいくための成功のもとです。失敗をしても、改善し続けることで成功が近づきます。

パズルの１０００ピースをやるのなら、１ピース、１ピース組み立てていくしかありません。

完成させると決めて、諦めずに続ければ、必ずいつかは完成します。これは合う、これは合わない、とくり返していけば、いつか１０００ピースのパズルが完成します。

過ちては則《すなわ》ち改むるに憚《はばか》ること勿《な》かれ。

『論語』の一節です。間違いがあれば躊躇《ちゅうちょ》せず認めて改めること。それを嫌がってはいけない。

大きく成長していきたいのなら、自分にはまだ少し難しいことにチャレンジしていくことが大切です。当然、失敗します。そして、失敗する経験を積む。

そこで、何を間違ったのか、何が足りないのか、を明確にして、次の挑戦のときに活かす。失敗をくり返すことで人は成長していき、大きな成功をつかむのです。

97
―
99

動中の静、苦中の楽、考動せよ

鈴木三郎助

味の素創業者

未来の自分になり切って考えてみよう

鈴木三郎助氏は味の素の創業者です。

鈴木氏はフランスでの海外出張中に交通事故に遭いました。必死にリハビリを行ない、仕事復帰しましたが、1年半後に倒れてしまいます。その後は2年間の病院生活となりました。

この苦しい中、心の支えとなったのが、『菜根譚』にある「動中の静、苦中の楽」

という一節だったそうです。

『菜根譚』の「動中の静、苦中の楽」について、『［決定版］菜根譚』（守屋洋／ＰＨＰ研究所）よりご紹介します。

静中の静は真静に非《あら》ず。動処《どうしょ》に静にし得来《えき》たりて、纔《わずか》にこれ性天の真境なり。楽処《らくしょ》の楽は真楽に非ず。苦中に楽しみ得来たりて、纔に心体の真機を見る。

静寂な環境のなかで得られる心の静かさは、ほんものの静かさではない。活動のなかで心の静かさを保ってこそ、最高のあり方を体得したと言えよう。

安楽な環境のなかで得られる心の楽しみは、ほんものの楽しみではない。苦労のなかで心の楽しみを見出してこそ、心の働きを会得したと言えよう。

本書のはじめのほうでもふれましたが、交通事故で妻の回復が思わしくなかった時期、私はどうすればいいのか、正解がわからずとても悩みました。

そして、悩みながら気づきました、未熟な自分だから正解がわからないのだと。**成長した自分になって考えることで、打開策が見つかる**のだと気づきました。

それからは、自分を成長させられると思えることはすべてやりました。世界中の成功哲学、自己啓発プログラム、自己啓発書、古典、経営者の哲学を学びつくしました。

今の自分では困難を乗り越えられないということを受け入れ、知識と人間力を高めたのです。

苦しいときほど成長意欲も学習意欲も高まります。追い詰められたからこそ、自分を大きくしようという覚悟が決まりました。

実際に、私はこの学びによって、妻も回復に導くことができたのです。

98
99

守愚《しゅぐ》

中島董一郎《なかしまとういちろう》

キユーピー創業者

愚かな挑戦でも気にせずやればいい！

中島董一郎氏はキユーピーの創業者です。

愚かなことであったとしても、自分の心に恥じないのなら貫く。

中島氏は真面目な人間だったそうで、交際費ゼロなどムダなお金を一切使わなかったそうです。

その分、最高の商品をつくり、安く売ることを信念としていました。実際に、戦後

17回も値下げを断行しました。

「愚か」というレッテルを貼るのは、自分ではなく周りの人たちです。他人が勝手に愚かだと定義するのです。それに影響されて、「社会的には」とか、「常識的には」と考えていたら何もできなくなってしまいます。

「自分のやりたいようにやったらいいよ」、私はよくこうアドバイスします。

あなたが自分の思うようにやり切って成長すると、周りの人もその恩恵を享受することができます。

自分を信じていれば、自分がやったことの先に、周りの人と調和する未来が待っているはずです。

未来の結果は予測不可能。過去の価値観、定義で予想しても意味がありません。いろんな専門家が未来予想をしますが、ほとんどは当たりません。

何が言いたいかというと、専門家気取りの人から「これをやってはいけない」というようなネガティブな意見を言われても、行動することを躊躇しないでほしいのです。

やりたいことはとにかくやってみる。そして、その結果は、他人ではなく未来が評価します。

「これは法事のためなり。何ぞ身命を惜しまん」

日本律宗の開祖、鑑真《がんじん》の言葉です。

仏の教えを伝えるためなら命など惜しまない。

鑑真は、仏教を日本に伝えると決意してから12年間日本に来る機会を探り続けました。そして、６度の渡航によって、やっと日本に来ることができたのです。しかし、あまりの疲労で失明してしまいました。

死んでも成し遂げるという強い信念があるため、どんな困難も乗り越えて日本にやってきました。

自分の使命のためには、他者から愚かだと思われることでも実行する。

この強い気持ちを私たちも持つべきです。

99

99

急ぐな、休むな

服部金太郎

セイコーグループ創業者

ゆっくりでいい、休まないこと

服部金太郎氏は、セイコーグループ創業者です。セイコーを世界的な時計メーカーに成長させ、東洋の時計王と呼ばれました。

服部氏の口癖に、「急ぐな、休むな」というものがありました。休まず進めば、少しずつでも確実に目的地に着く。休まず急いで進めれば一番いいが、それは難しい。急ぐと休まなければならなくなる。休まずに目的地まで進むためには、急いではいけない。

目標があるのなら、1日も休まないほうがいいと私も思います。

やると決めたら、絶対にやる。今日はきついからやめておく、今日は体調悪いからやめておく、やらない言い訳はどんどん思いつきます。

一回休むと、次にやるときに、大きなエネルギーが必要となります。

ただ、毎日大量の行動が必要だとは思いません。気分が上がらない日は、ほんの少しだけやればいいのです。

これは私のトレーニングに関しても言えます。今日はジムに行きたくないな、という日があります。

しかし、これで休むと自分の欲しい結果は得られません。

そこで、トレーニングをしたくない日は、ジムまで行けばOKと決めて、出かけます。ジムに着いて着替えると、1回だけダンベルを上げればOKと決めて、実行します。

ハードルを下げてでも、やらない日をつくらないようにします。

格闘家は、みんなケガをしながらトレーニングしているのです。体が痛くてもやっています。ケガをしてもやっている人がいるんだから、やれないことはないのです。

成功する人は必ずルーティンを持っています。成功者は成功をつかむ習慣を愚直に行なっています。

そのため、イレギュラーを嫌います。

成功者にとっての不安な生活とは、1日の中に結果を得られる仕組みが組み込まれていない生活です。

行動できなかったり、行動をやめてしまうのは、絶対にそれをやり続けたいという思いが足りないからです。

世間から認められるからではなく、自分の価値観に基づいたことを習慣を持って、決めたことをやり切りましょう。

とにかく休みさえしなければ、いつかゴールにたどり着くのですから。

あとがき

不敗の人生をつくる言葉の数々はいかがでしたか。私自身、ご紹介した名言を定期的に読み返すと、心が芯から強くなるのを感じます。

負けなければ、いつか盛り返せる、勝てる。負けない者が一番強い。

困難に直面したとき、逆境にあるとき、目標達成に向けて進んでいるとき、本書で学んだ人生哲学を思い出してください。必ずあなたの助けとなります。

本書でご紹介したように、名経営者と呼ばれる方たちは、想像を絶する危機を乗り越えて、大きな成功をつかんできました。それも、一度ではなく何度もです。

心さえ折れなければ、人生は思い描いた通りにできるということです。

どんな状況でも、心の状態だけは自分で決められます。常に積極的な精神を選択してください。

最後に、あなたに私から次の言葉を贈りたいと思います。

「常に本気で生きよう。もしも倒れることがあったとしても、絶対に前に倒れよう」

たった一度の人生、小さくてもいい、少なくてもいいから何かを成し遂げましょう。

価値ある人生を生きなければ、なんのために生まれてきたのかわかりません。

本気で生きる覚悟を持ってください。本気で生きると、つまずくことも多いでしょう。挑戦する回数が増えるので、その分、失敗も増えます。でも、失敗のない人生など、生きる意味がありません。挑戦しない人生など価値がありません。

精いっぱいやったのなら、倒れてもいい。ただ、前に手を伸ばしながら倒れてください。倒れても、前にある成果をなんでもいいからつかんでください。

ただで倒れてはいけません。これこそ、負けない人の考え方です。

人生は長期戦です。コツコツ行動を積み上げれば、現状維持も衰退もありません。どんな状況にあっても止まらずに、少しずつでも進んでいきましょう。

61歳となり、やっと名経営者の言葉を解説できる年齢になりました。仕事、人間関係、お金に関してのいろいろな経験が積み重なってきたからです。

この本に、私の人生での学びをすべて詰め込みました。あなたの人生に役立てばうれしいです。ぜひ、今日から不敗の人生を歩んでください。

令和六年十二月

井上裕之

参考文献＆ＷＥＢサイト

『リーダーになる人に知っておいてほしいこと』（松下幸之助 述・松下政経塾 編／ＰＨＰ研究所）
『会社のために働くな』（本田宗一郎／ＰＨＰ研究所）
『一勝九敗』（柳井正／新潮社）
『渋沢栄一 君は、何のために「働く」のか』（渋沢栄一 著・竹内均 編・解説／三笠書房）
『鈴木敏文 商売の原点』（緒方知行 編／講談社）
『経営者１００の言葉』（山口智司／彩図社）
『石坂泰三語録「無事是貴人」の人生哲学』（梶原一明／ＰＨＰ研究所）
『日本の企業家11 安藤百福』（榊原清則／ＰＨＰ研究所）
『渋沢栄一と岩崎弥太郎』（河合敦／幻冬舎）
『突き抜けろ』（三木谷浩史／幻冬舎）
『心を成長させる名経営者の言葉』（久恒啓一／日本実業出版社）
『仕事をつくる』（安藤忠雄／日経ＢＰ）
『プロフェッショナル 仕事の流儀 新浪剛史』（茂木健一郎 編集・ＮＨＫ「プロフェッショナル」制作班 編集／ＮＨＫ出版）
『清貧と復興 土光敏夫１００の言葉』（出町譲／文藝春秋）
『これからのリーダーに知っておいてほしいこと』（中村邦夫 述・松下政経塾、ＰＨＰ研究所研究所 共編／ＰＨ

P研究所）
『あの時、あの言葉』（経団連出版 編／経団連出版）
月刊『致知』二〇〇九年十月号（致知出版社）
『製紙王・藤原銀次郎』（植地勢作／22世紀アート）
『仕事を人生の目的にするな』（平井一夫／SBクリエイティブ）
『決断力と先見力を高める 心に響く名経営者の言葉』（ビジネス哲学研究会 編著／PHP研究所）
『人の話なんか聞くな！』（堀場雅夫／ダイヤモンド社）
『会社人間、社会に生きる』（福原義春／中央公論新社）
『創造の人生 井深大』（中川靖造／講談社）
『髙田明と読む世阿弥』（髙田明 著・増田正造 監修／日経BP）
『すごい経営者のすごい趣味』（佐藤豊美 編著／東洋経済新報社）
『サイゼリヤの法則』（正垣泰彦／KADOKAWA）
月刊『致知』二〇一〇年六月号（致知出版社）
『挑めばチャンス 逃げればピンチ』（樋口廣太郎／PHP研究所）
『世襲と経営』（泉秀一／文藝春秋）
『流通革命 中内功 200時間語り下ろし』（大塚英樹／講談社）
『小倉昌男の人生と経営』（小倉昌男／PHP研究所）
『出版のこころ 布川角左衛門の遺業』（小林恒也／展望社）
『俺は、中小企業のおやじ』（鈴木修／日経BPマーケティング）
『【決定版】V字回復の経営』（三枝匡／KADOKAWA）

『こころを動かすマーケティング』(魚谷雅彦／ダイヤモンド社)
『成しとげる力』(永守重信／サンマーク出版)
『美酒一代　鳥井信治郎伝』(杉森久英／新潮社)
『ソニー創業者の側近が今こそ伝えたい　井深大と盛田昭夫　仕事と人生を切り拓く力』(郡山史郎／青春出版社)
『人物叢書　新装版　豊田佐吉』(楫西光速／吉川弘文館)
『人間の器』(丹羽宇一郎／幻冬舎)
『危機にこそ、経営者は戦わなければならない！』(金川千尋／東洋経済新報社)
『ユニ・チャーム　共振の経営』(高原豪久／日経ＢＰ)
『松明は自分の手で』(藤沢武夫／ＰＨＰ研究所)
『「どうせ無理」と思っている君へ』(植松努／ＰＨＰ研究所)
『人を大切にして人を動かす』(和地孝／東洋経済新報社)
月刊『致知』二〇〇五年一月号(致知出版社)
『「できません」と云うな　オムロン創業者立石一真』(湯谷昇羊／ダイヤモンド社)
『週刊東洋経済eビジネス新書Ｎｏ．１７３　経営者　豊田章男』(東洋経済新報社)
『敬天愛人』(稲盛和夫／ＰＨＰ研究所)
『座右の銘　人を動かすリーダーの言葉』(前坂俊之／ＫＡＤＯＫＡＷＡ)
『思う、動く、叶う！』(澤田秀雄／サンマーク出版)
『心ゆさぶる成功者の名言99』(吉田寿／ＣＬＡＰ)
『働く人の資本主義』(出光佐三／春秋社)
『日本の企業家12　江崎利一』(宮本又郎／ＰＨＰ研究所)

『この先20年使えて「莫大な資産」を生み出すビジネス脳の作り方』(藤田田／ベストセラーズ)
『藤田晋の仕事学』(藤田晋／日経ＢＰ)
『波瀾万丈の映画人生 岡田茂自伝』(岡田茂／ＫＡＤＯＫＡＷＡ)
『変わり続ける』(出井伸之／ダイヤモンド社)
月刊『致知』一九八九年十一月号(致知出版社)
『日本人の叡智』(磯田道史／新潮社)
『無印良品は、仕組みが9割』(松井忠三／ＫＡＤＯＫＡＷＡ)
『最高の戦略教科書 孫子』(守屋淳／日本経済新聞出版)
『孫子の兵法』(守屋洋／三笠書房)
『決定版 菜根譚』(守屋洋／ＰＨＰ研究所)
『韓非子 強者の人間学』(守屋洋／ＰＨＰ研究所)
『超訳 論語』(田口佳史／三笠書房)
『世界一役に立つ 図解 論語の本』(山口謠司／三笠書房)
『新装版 運命を創る』(安岡正篤／プレジデント社)
『森信三・魂の言葉 二度とない人生を生き抜くための３６５話』(寺田一清 編／ＰＨＰ研究所)
『くり返し読みたい高僧の名言』(武山廣道 監修／リベラル社)
『うまくいっている人の考え方』(ジェリー・ミンチントン 著・弓場隆 翻訳／ディスカヴァー・トゥエンティワン)
『心の持ち方』(ジェリー・ミンチントン 著・弓場隆 翻訳／ディスカヴァー・トゥエンティワン)
『新装版 幸せがずっと続く12の行動習慣』(ソニア・リュボミアスキー 著・金井真弓 訳・渡辺誠 監修／日本実

業出版社）
『負けない技術』（桜井章一／講談社）
『君に成功を贈る』（中村天風 述・公益財団法人天風会 監修／日本経営合理化協会出版局）
『1日1分 蓄財王・本多静六の金言』（井上裕之／さくら舎）
『最後に勝つ負け方を知っておけ。』（アントニオ猪木／青春出版社）
『成功者がしている100の習慣』（ナイジェル・カンバーランド 著・児島修 訳／ダイヤモンド社）
『その悩み、哲学者がすでに答えを出しています』（小林昌平／文響社）
『自助論』（サミュエル・スマイルズ 著・竹内均 訳／三笠書房）
『超一流の諜報員が教えるCIA式極秘心理術』（ジェイソン・ハンソン 著・栗木さつき 訳／ダイヤモンド社）
『新訂 徒然草』（吉田兼好 著・西尾実、安良岡康作 校注／岩波書店）
『菜根譚』（洪自誠 著、今井宇三郎 訳注／岩波書店）
『荘子 第一冊 内篇』（荘子 著・金谷治 訳注／岩波書店）
『韓非子（第三冊）』（韓非 著・金谷治 訳注／岩波書店）
『孫子』（金谷治 訳注／岩波書店）
『論語新釈』（宇野哲人／講談社）
『方丈記（全）』（鴨長明 著・武田友宏 編／KADOKAWA）
『老子 上』（福永光司／朝日新聞社）
『活学新書 山岡鉄舟 修養訓』（平井正修／致知出版社）
リコー三愛グループ 三愛会HP「私の履歴書」
公益財団法人 井植記念会HP

公益財団法人　山田淳一郎奨学金財団ＨＰ
株式会社アルプス技研ＨＰ
Sports Graphic Number　Ｗｅｂ
旭化成１００周年サイト「私の履歴書」
NOMURA　ＨＰ
Calbee　ＨＰ
鹿島建設株式会社ＨＰ
日本経営合理化協会ＨＰ
WACOAL HOLDINGS CORP.　ＨＰ
西尾市ＨＰ
SEIKO　ＨＰ

〈著者紹介〉

井上裕之（いのうえ・ひろゆき）

いのうえ歯科医院理事長、歯学博士、経営学博士。1963年、北海道生まれ。東京歯科大学大学院修了後、世界レベルの技術を学ぶためニューヨーク大学、ペンシルベニア大学、イエテボリ大学で研鑽を積み、医療法人社団いのうえ歯科医院を開業。自身の医院で理事長を務めながら、東京医科歯科大学、東京歯科大学非常勤講師、インディアナ大学客員講師など国内外８大学の役職を務めてきた。その技術は国内外から評価され、とくに最新医療、スピード治療の技術はメディアに取り上げられ、注目を集める。世界初のジョセフ・マーフィー・トラスト（潜在意識の権威）公認グランドマスター。本業の傍ら、世界的な能力開発プログラム、経営プログラムを学んだ末に、独自の成功哲学「ライフコンパス」をつくり上げ、「価値ある生き方」を伝える著者として全国各地で講演を行なっている。著書は85冊を超え、累計140万部を突破。実話から生まれたデビュー作『自分で奇跡を起こす方法』（フォレスト出版）はテレビ番組で紹介され、大きな反響を呼んだ。『本物の気づかい』（ディスカヴァー）、『人生の黄昏を黄金に変える「賢者のかけ算」』（サンマーク出版）、『人間関係が整うとすべてうまくいく』（KADOKAWA）など著書多数。

不敗の人生をつくる言葉

令和七年一月十日第一刷発行

著　者　井上　裕之

発行者　藤尾　秀昭

発行所　致知出版社

〒150-0001 東京都渋谷区神宮前四の二十四の九

TEL（〇三）三七九六—二一一一

印刷・製本　中央精版印刷

落丁・乱丁はお取替え致します。　（検印廃止）

ISBN978-4-8009-1321-0 C0034

ホームページ　https://www.chichi.co.jp

Eメール　books@chichi.co.jp